KB274724

잘 터지는 여행중국어

LIVE TOURISM CHINESE EXPRESSIONS

쑨샹메이(孫香梅)

- 중국 심양출생
- 고려대학교 한국 · 동양어문학부 졸업(일어일문학 전공)
- 2006년 한국으로 귀화
- 톰보이, 삼성전자, 하나로통신 등 기업체 동시통역 및 한/중 번역가로 활동 중
- 저서로는 『펑펑 잘 터지는 중국어회화』(혜지원)가 있다.

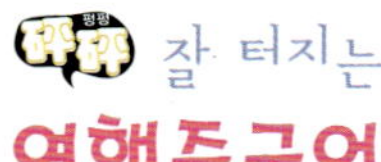

잘 터지는 여행중국어

초판 발행일 | 2006년 9월 5일

초판 3쇄 발행일 | 2010년 2월 22일

발행인 | 박정모

발행처 | 도서출판 혜지원

저자 | 쑨샹메이(孫香梅)

기획 · 진행 | 김형진

편집디자인 | 예향

표지디자인 | 이승현

표지 · 본문 일러스트 디자인 | 김형진

영업마케팅 | 조완용, 김남권, 황대일, 서지영

ISBN | 89-8379-459-3

정가 | 7,800원

주소 | (130-844) 서울시 동대문구 장안 1동 420-3호

전화 | 02)2212-1227, 2213-1227 / **팩스** | 02)2247-1227

홈페이지 | http://www.hyejiwon.co.kr

펑펑

잘 터지는 여행중국어

LIVE TOURISM CHINESE EXPRESSIONS

쑨샹메이 (孫香梅)

혜지원

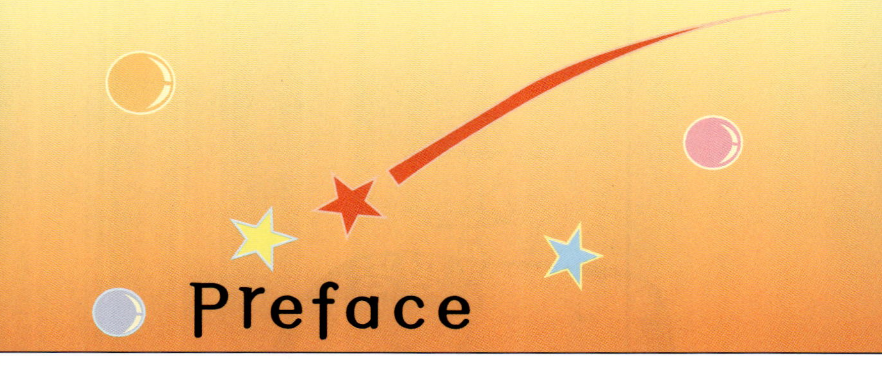

중국은 9,600,000㎢의 드넓은 국토에 풍부한 인적자원과 천연자원을 바탕으로 21세기의 새로운 강국으로 떠오르고 있습니다. 중국의 경제가 빠른 속도로 발전함에 따라 세계의 관심은 중국으로 집중되고 있으며, 중국과 한국의 교류 역시 날로 활발해지고 있습니다. 이에 따라 '학업, 사업' 혹은 '여행'을 위해 중국을 방문하는 여행객의 수는 점점 증가하고 있는 추세입니다.

중국과 우리나라는 같은 아시아문화권에 속하지만 문화적으로 크고 작은 차이들이 많이 존재합니다. 따라서 중국을 방문할 때에는 중국에 대해 먼저 이해하고 아는 것이 매우 중요합니다. 자신만의 생각과 판단으로만 행동하다가는 큰 결례를 범할 수도 있기 때문입니다.

이 책은 여행객들이 중국 현지에 가서 직접 길을 묻고, 필요한 물건을 사고, 중국 친구를 사귀는 등 능동적으로 여행할 수 있도록 상황별로 다양한 예문과 알찬 중국 여행 정보들을 수록하였습니다. 또한 원어민과 쉽게 의사소통을 할 수 있도록 각 예문마다 표준 중국어 발음뿐만 아니라 한글 발음 또한 함께 표기함으로써 중국어를 전혀 모르는 독자들도 실제 상황에서 쉽게 활용할 수 있도록 하였습니다.

상황별로 나뉜 각 CHAPTER는 출국과 입국, 교통수단과 길 묻기, 호텔에서, 식당에서, 쇼핑할 때, 관광할 때 등 여행할 때 발생할 수 있는 각종 상황에서 사용되는 유용한 표현과 회화문을 가장 초보적이고 반드시 필요한,

현지에서 많이 쓰이는 표현들을 위주로 실었습니다. 부록으로 제공되는 CD
에는 본문 내용이 원어민의 정확한 발음으로 녹음되어 있으므로 반복 청취
한다면 자연스럽게 중국어 문장이 입에서 술술 나오게 될 것입니다.

또한 여권과 비자를 취득하는 방법에서부터 짐 싸는 방법, 여행지 정보, 기
내방송 중국어를 수록함으로써 초보 여행객들도 쉽게 여행준비를 할 수 있
도록 배려하였으며, 중국어와 홍콩어, 간체자와 번체자의 비교를 통해 중국
어를 한층 더 쉽게 이해할 수 있도록 하였습니다.

끝으로 이 책이 중국여행을 떠나는 분들이 중국문화를 이해하고 중국어에
대한 흥미를 얻는데 도움이 되길 바랍니다. 이 책은 여러분의 중국어 실력
을 뛰어나게 향상시킬 수는 없지만, 중국과 중국어에 대한 흥미를 일깨워주
는 계기가 되리라 믿습니다.

즐거운 여행이 되시길 바랍니다.

쑨샹메이 (孫香梅)

How to use this book

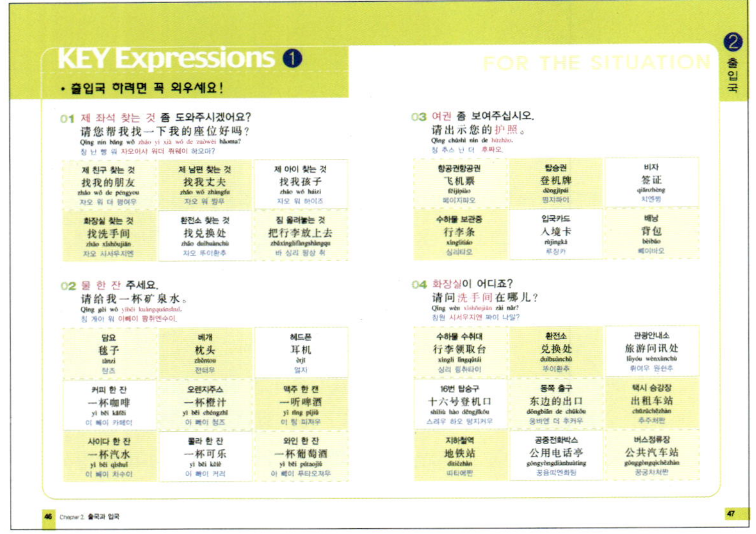

❶ Key Expressions : 단 몇 개의 문장만 알아도 수십 개의 문장을 만들어낼 수 있습니다. 'Key Expressions'는 본격적인 상황표현을 공부하기에 앞서 그 Chapter의 주제에 맞는 필수표현들을 익히는 코너입니다. 하나의 문장패턴에 각 상황에 맞는 어휘만 교체하여 유용하게 쓰일 수 있도록 구성하였습니다.

❷ 찾아보기 : 각 Chapter를 다른 색깔의 찾아보기로 분류해 원하는 상황표현을 쉽게 찾아볼 수 있도록 구성했습니다.

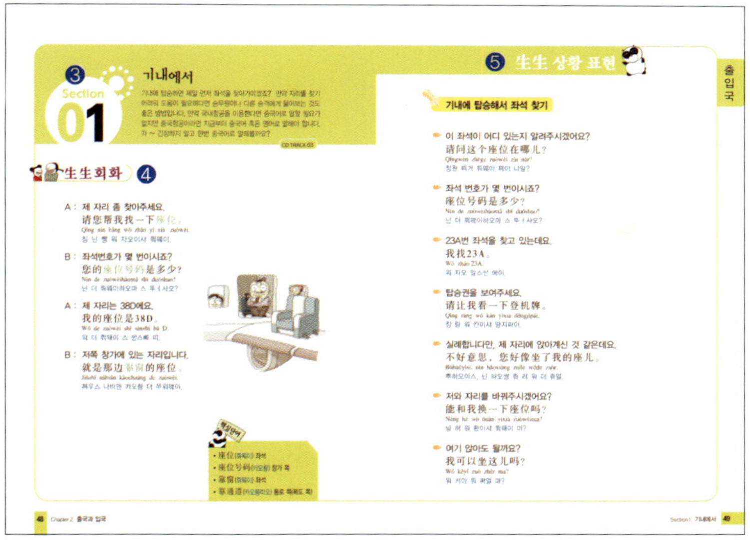

③ Section : Chapter로 설정된 상황을 Section으로 더욱 세분화하여 보다 자세한 상황표현을 학습할 수 있도록 구성하였습니다.

④ 生生회화 : Section에서 다룰 회화표현이 실제상황에서 어떻게 쓰이는지 생생하게 학습할 수 있도록 구성한 대화문입니다.

⑤ 生生상황표현 : 여행 중 생길 수 있는 모든 상황을 세부적으로 분류하여 그때그때 필요한 표현을 바로 찾아 쓸 수 있도록 정리하였습니다.

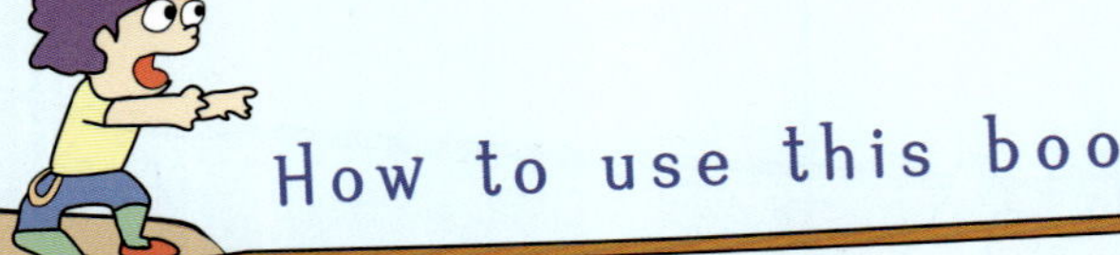

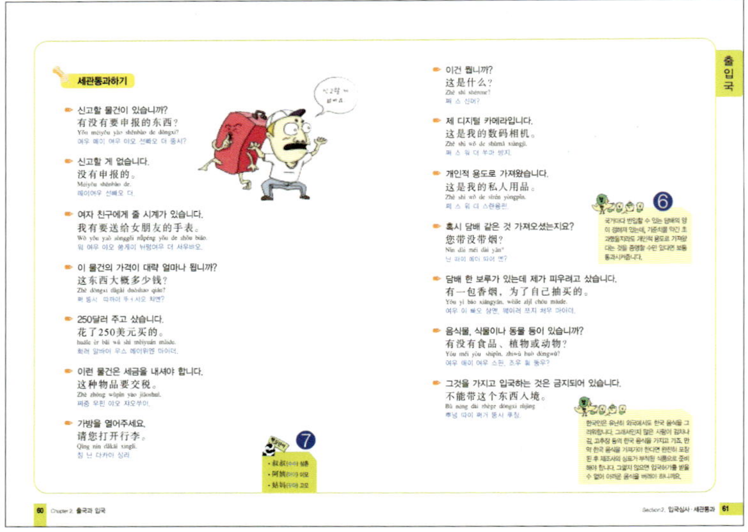

⑥ 잠깐! : 방금 배운 문장에 대한 부연설명이나 꼭 알아두어야 할 어휘, 숙어, 그리고 각 나라의 문화상식 등 유익한 정보를 소개합니다.

⑦ 핵심단어 : '핵심단어'에서는 '生生회화'와 '生生상황표현'에 등장하는 단어와 숙어를 알아봅니다.

이 책의 사용법

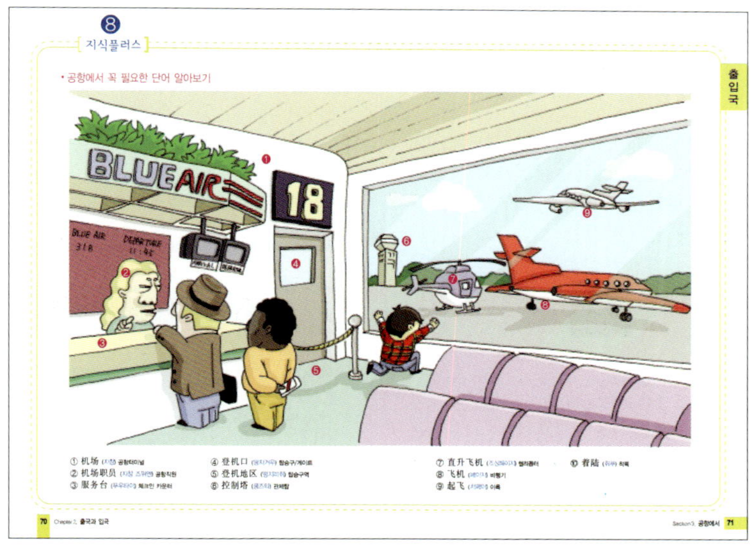

❽ **지식플러스** : 중국여행에 도움이 되는 어휘, 관용구, 문화상식, 여행정보, 여행에티켓 등을 재미있는 그림과 함께 수록해 여행중국어를 학습함과 동시에 여행정보지 역할까지 할 수 있도록 구성했습니다.

부록 CD를 원하는 파일로(MP3, WAV) 듣자!

WAV 파일이 필요한 독자를 위해 부록 CD의 MP3 파일을 WAV 파일로
변환하는 방법을 알아보도록 하겠습니다.

① 먼저, 바탕화면에 '중국어회화'라는 이름의 새 폴더를 만듭니다. 부록 CD에 있는 모든 MP3 파일을 '중국어회화' 폴더에 복사합니다.

② 혜지원 홈페이지(www.hyejiwon.co.kr)에 접속한 후 [게시판 〉 도서자료실]에서 공지사항 [어학서 파일변환 프로그램 CDex]를 클릭합니다.

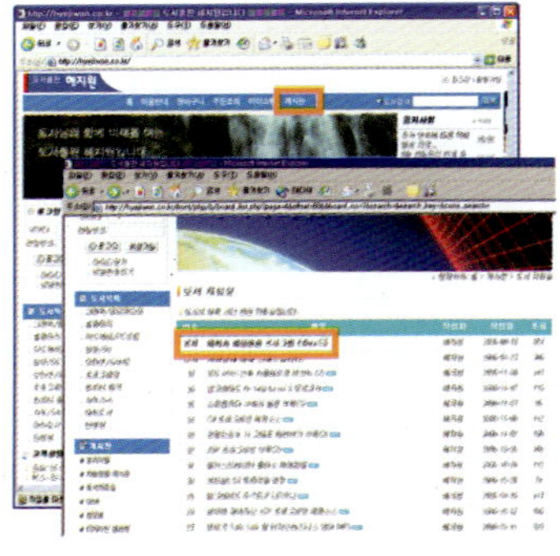

③ [어학서 파일변환 프로그램 CDex]의 CDex.Zip파일을 다운받아 새 폴더를 만든 후 압축을 풀어줍니다.

④ 압축해제 후 CDex를 더블클릭하여 프로그램을 설치합니다.

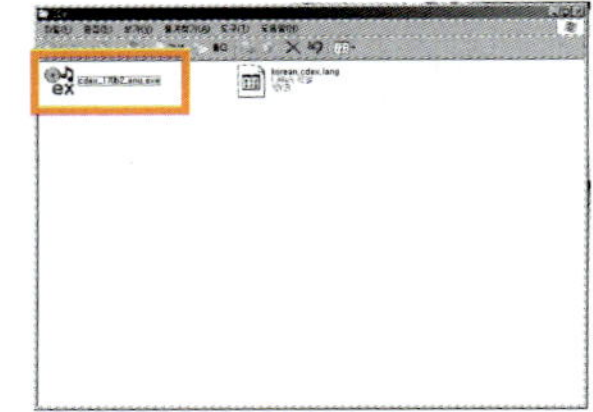

MP3 변환 방법

⑤ 바탕화면의 CDEX 아이콘을 더블클릭 하고 F12를 누릅니다. OPEN 대화상자 가 나오면 DIRECTORY에서 바탕화면 의 '여행중국어'를 지정합니다. 폴더가 지정되면 폴더 안의 MP3 파일이 창에 나타납니다.

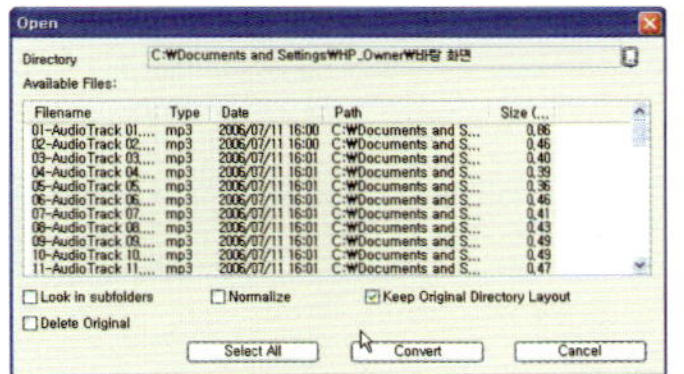

⑥ Sellect All을 선택하고 Convert를 클 릭합니다. 파일변환이 시작됩니다.

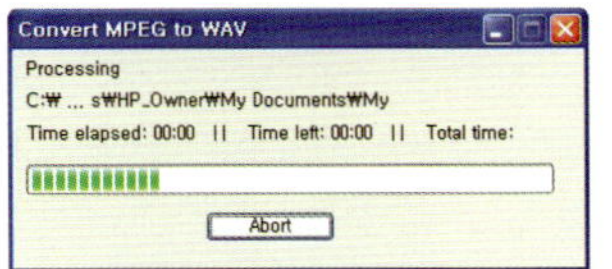

⑦ 변환이 끝나면 WAV 파일로 변환된 폴더를 찾습니다. CDex는 기본값 폴 더를 [내 문자 > 내 음악] 폴더 안에 MP3 폴더를 만들어 저장합니다. [내 문자 >내 음악 > MP3]를 차례로 클릭 하면 WAV 파일로 변환된 파일을 확 인 할 수 있습니다.

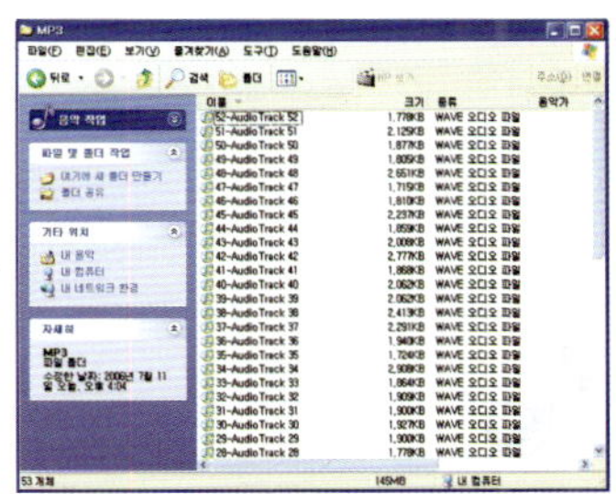

C O N T E N T S

차 례

CONTENTS

Chapter 07 관광하기

CONTENTS

차 례

Chapter **01**

즐거운 여행준비

생각만 해도 가슴 두근거리는 해외여행!
해외여행을 더욱 알차게 즐기려면 무엇보다 철저한 사전준비가 필요
합니다. 제일 먼저 여권을 만들고 여행국가에서 비자를 요구한다면
비자를 취득해야 합니다. 그 후에는 혹시 모를 상황에 대비해 국제운
전면허증 등의 증명서를 준비하고 항공권과 숙박예약을 최종 확인하
는 것도 잊어서는 안 됩니다.
마지막으로 중국 여행정보를 수집하고 필요한 짐을 꼼꼼히 챙기면 출
발준비 완료! 만약 여행사를 통해 떠나는 패키지여행이라면 이 모든
절차를 여행사에서 대신 해주겠지만 개인적으로 가는 여행자는 모든
준비를 직접 해야 합니다. 자, 지금부터 여행 전 준비할 것들에 대해
간단히 알아보도록 하겠습니다.

떠나기 전에 반드시 준비하세요!

1. 여권 만들기

출국을 하려면 누구나 여권을 발급받아야 합니다. 여권에는 1년의 유효기간동안 1회의 해외여행이 가능한 단수여권과 5년의 유효기간 동안 횟수에 제한 없이 해외여행을 할 수 있는 복수여권이 있습니다. 특별한 사유가 없는 여행자는 해외여행을 할 때마다 여권을 발급받을 필요 없이 복수여권을 발급받는 것이 경제적입니다.

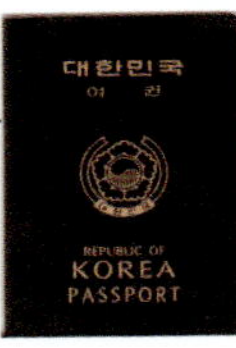

▶ 여권 발급 구비서류

- 여권발급신청서
- 최근 3개월 이내에 찍은 여권사진(3.5cm × 4.5cm) 2매
- 주민등록등본 1부
- 주민등록증 또는 운전면허증
- 대리신청의 경우 본인의 위임장과 주민등록증 및 그 사본과 대리인의 주민등록증이 필요합니다.
- 만 18세 미만인 경우 부모의 여권발급동의서 및 동의인의 인감증명서가 필요합니다.

▶ 여권 기간연장 시 구비서류

- 여권 및 여권사본 1부
- 최근 3개월 이내에 찍은 여권사진(3.5cm × 4.5cm) 2매

▶ 여권 발급비용

- 복수여권 – 45,000원
- 단수여권 – 15,000원
- 기간연장 – 5,000원

▶ 여권 발급기관

- 서울 – 종로구청, 노원구청, 서초구청, 영등포구청, 동대문구청, 강남구청
- 지방 – 각 시청과 도청의 여권과

2. 비자신청

▶ 중국 비자신청시 구비서류

- 6개월 이상의 유효기간이 남아있으며 본인 서명이 되어있는 여권
- 주민등록증 원본 및 복사본 1부
- 사진 1매
- 비자신청서 1부

※ 체류기간이 30일이 넘을 경우 중국내 친척이나 친구의 주소와 전화번호를 명확히
　 기재하는 것이 중요합니다.

3. 그 밖의 필수 아이템

▶ 항공권

항공권은 항공사와 여행사마다 가격이
다르기 때문에 충분히 비교해본 후 구입
합니다. 보통 타국항공사가 자국항공사보다, 경유
항공이 직항보다, 그리고 단체요금이 개인요금보다 가격이 저렴
합니다. 개인여행을 위해 항공권을 구입한 경우라면 출발 2~3일 전에 반드시
예약을 확인하는 것이 좋습니다.

▶ 여행자보험

여행자보험이란 여행을 끝마치고 귀국할 때까지 생긴 사고에 대한 보상을 해주는 일
회성 보험입니다. 보험신청은 보험회사 화재부와 여행사를 통해 할 수 있으며, 공항
의 여행보험 판매계에서 출국 직전에도 쉽게 할 수 있습니다. 보상금에 따라 보험
금의 차이가 있지만 보통 월 2만원 가량의 보험금이 지출됩니다.

▶ 국제운전면허증

중국은 국토가 매우 넓고 대도시는 대부분 자동차 문화와
도로가 잘 발달되어 있기 때문에 자동차로 여행하거나
이동을 하고 싶다면 반드시 가져가야 할 필수품이 바로
국제운전면허증입니다. 직접 운전하며 광활한 대륙을 여행
하고 싶다면 국제운전면허증을 준비하도록 합시다.

▶ 신용카드

해외여행을 갈 때에는 사용할 일이 없더라도 만약을 대비해 신용카드를 가져가는 것
이 좋습니다. 신용카드는 휴대가 간편하고 분실했을 경우 즉시 신고만 하면 보상받
을 수 있다는 장점이 있을 뿐만 아니라 카드 종류에 따라 마일리지나 포인트 적립을
받아서 상품이나 현금으로 사용하는 등 여러 가지 혜택을 받을 수 있기 때문입니다.

▶ 짐 꾸리기

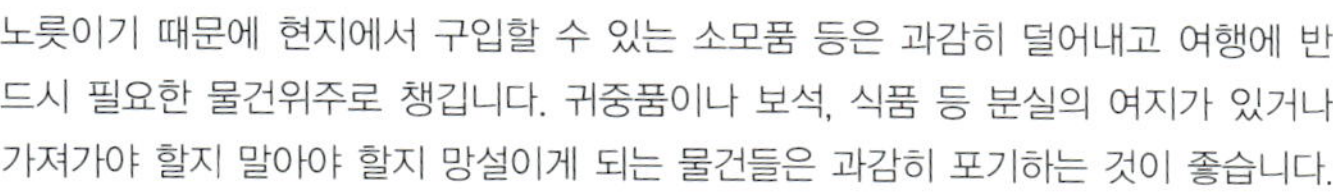

여행을 위한 짐은 가볍고 부피가 작을수록 좋습니다.
하지만, 반드시 필요한 물건까지 빼놓고 갈 수는 없는
노릇이기 때문에 현지에서 구입할 수 있는 소모품 등은 과감히 덜어내고 여행에 반
드시 필요한 물건위주로 챙깁니다. 귀중품이나 보석, 식품 등 분실의 여지가 있거나
가져가야 할지 말아야 할지 망설이게 되는 물건들은 과감히 포기하는 것이 좋습니다.

▶ 필수아이템

여권과 항공권, 그리고 신용카드와 현금은 여행이 끝날 때까지 반드시 몸에 지녀야
합니다. 만일의 경우에 대비해 여권과 항공권 사본을 여러 개 만들어 각기 다른 가
방에 보관하는 것도 좋은 방법이며, 여권번호와 신용카드번호 그리고 대사관 전화번
호 등은 따로 적어 보관합니다. 지갑은 소매치기의 목표가 되지 않도록 될 수 있으
면 작은 것을 가지고 갑니다.

▶ 옷가지

옷은 부피를 가장 많이 차지하는 짐입니다. 따라서 반드시 필요한 옷가지를 중심으
로 최소한의 양만 선택해야 합니다. 계절과 여행기간에 따라 다르지만 기본적으로
속옷 4~5벌과 양말 4~5켤레, 티셔츠 4~5벌, 바지 2~3벌이 적당합니다. 중국은
물 사정이 좋지 않아 세탁이 쉽지 않으므로 하얀 옷보다 색깔 있는 옷을 챙기는 것
이 좋으며 쉽게 마르는 소재의 옷이 여행 도중 편리합니다. 중국은 지역마다 기후
가 다르므로 미리 기후를 파악한 후 적합한 옷가지를 챙겨야 합니다.

▶ 신발

신발은 가볍고 걷기에 편한 것이 가장 좋습니다. 새 신발보다는 길든 헌 신발이 오
히려 편안하며 여름에는 샌들도 유용하게 쓰입니다.

▶ 세면도구

고급 호텔에 묵을 예정이라면 호텔에 모든 것이 갖추어져 있기 때문에 세면도구를 준비할 필요가 없지만 그렇지 않은 경우에는 치약, 칫솔, 수건, 드라이어, 화장품, 손톱깎이, 면도기 등을 준비해야합니다.

▶ 구급약

평소에 복용하는 약과 기본 상비약인 소화제, 진통제, 감기약, 소독약, 바르는 파스와 1회용 밴드, 생리대 등을 준비합니다. 콘택트렌즈 사용자라면 식염수와 렌즈통도 잊지 않고 챙깁니다.

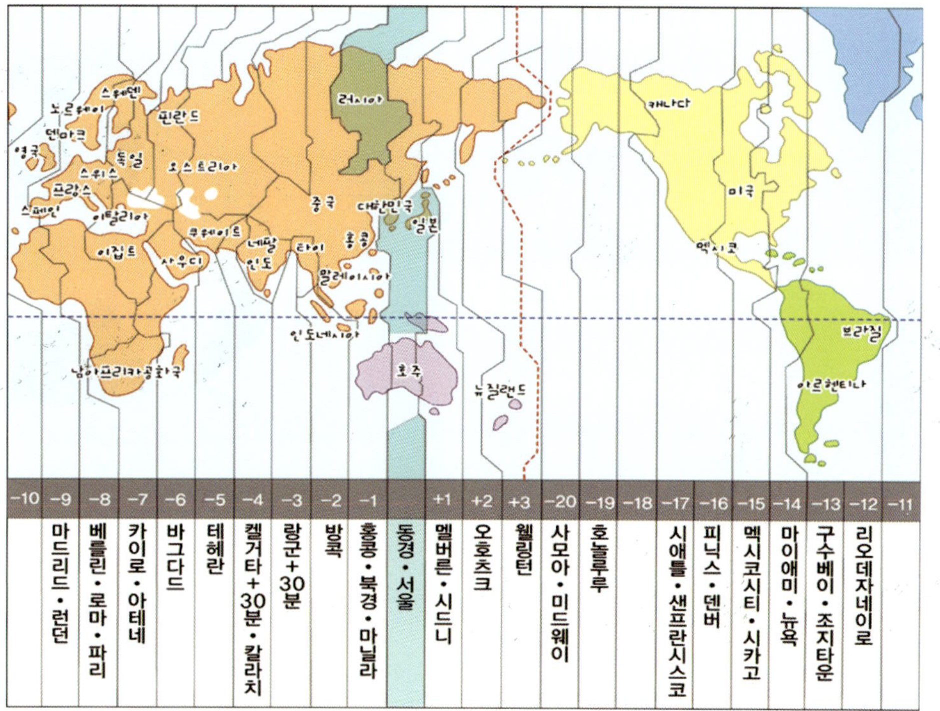

-10	-9	-8	-7	-6	-5	-4	-3	-2	-1	+1	+2	+3	-20	-19	-18	-17	-16	-15	-14	-13	-12	-11
마드리드 · 런던	베를린 · 로마 · 파리	카이로 · 아테네	바그다드	테헤란	켈거타+30분 · 칼라치	랑군+30분	방콕	홍콩 · 북경 · 마닐라	동경 · 서울	멜버른 · 시드니	오호츠크	웰링턴	사모아 · 미드웨이	호놀룰루		시애틀 · 샌프란시스코	피닉스 · 덴버	멕시코시티 · 시카고	마이애미 · 뉴욕	구수베이 · 조지타운	리오데자네이로	

즐거운 여행을 위한 기본표현

기본적인 인사와 대답하기

☞ 안녕하세요.
你好。
Nǐ hǎo.
니 하오.

您好(닌 하오) – 니 하오의 존칭
입니다.

☞ 만나서 반가워요.
认识你很高兴。
Rènshi nǐ hěn gāoxìng.
런스 니 헌 까오씽.

☞ 잘 지내나요?
你好吗?
Nǐ hǎo ma?
니 하오 마?

☞ 좋아요.
好。
Hǎo.
하오.

☞ 아주 좋아요.
很好。
Hěn hǎo.
헌 하오.

☞ 몸이 별로 좋지 않아요.
身体不太好。
Shēntǐ bú tàihǎo.
선티 부타이 하오.

☞ 나중에 또 봐요.
下次见。
Xià cì jiàn.
샤 츠 찌엔.

☞ 잘 자요.
晚安。
Wǎn ān.
완 안.

☞ 안녕.(헤어질 때)
再见。
Zài jiàn.
짜이 찌엔.

헤어질 때 인사로 영어의 'Bye-bye.'를 음역한 '拜拜.'(바이바이)도 자주 쓰입니다.

☞ 한국에서 봐요.
韩国见。
Hán guó jiàn.
한 궈 찌엔.

☞ 제 이름은 진입니다.
我的名字叫JIN。
Wǒde míngzi jiào JIN.
워더 밍즈 쨔오 진.

☞ 저는 진입니다.
我是JIN。/ 我叫JIN。
Wǒ shì JIN. / wǒ jiào JIN.
워 쓰 진. / 워 쨔오 진.

☞ 그냥 진한이라고 불러주세요.
叫我JINHAN就可以了。
Jiào wǒ JINHAN jiù kěyǐ le.
쨔오 워 진한 쪄우 커이러.

☞ 어디서 오셨어요?
你从哪儿来？
Nǐ cóng nǎr lái?
니 충 나알 라이?

☞ 저는 한국에서 왔습니다. / 저는 한국인입니다.
我从韩国来。/ 我是韩国人。
Wǒ cóng Hánguó lái. / wǒ shì Hánguó rén.
워 충 한궈 라이. / 워 쓰 한궈 런.

☞ 여행하러 오셨나요?
是来旅行的吗？
Shì lái lǚxíng de ma?
쓰 라이 뤼싱 더 마?

☞ 예, 맞습니다.
是。
Shì.
쓰.

☞ 아닙니다.
不是。
Búshì.
부쓰.

☞ 괜찮습니다.
没关系。
Méi guān xi.
메이 꾸안 시.

☞ 알겠습니다.
知道了。
Zhī dào le.
즈 따오 러.

☞ 모릅니다.
不知道。
Bù zhī dào.
뿌 즈 따오.

부탁과 허락 구하기

☞ 실례합니다.
麻烦您。
Máfan nín.
마 판 닌.

☞ 실례합니다. 좀 도와주시겠어요?
麻烦您, 可以帮个忙吗?
Máfan nín, kěyǐ bāng ge máng ma?
마판 닌, 커이 빵거 망 마.

☞ 제 좌석 찾는 것 좀 도와주시겠어요?
能帮我找一下我的座位吗?
Néng bāng wǒ zhǎoyíxià wǒde zuòwèi ma?
넝 빵워 자오이샤 워더 쭤웨이 마.

☞ 베개 하나만 주세요.
请给我一个枕头。
Qǐng gěiwǒ yígè zhěntou.
칭 게이워 이거 전터우.

☞ 물 좀 주세요.
请给杯水。
Qǐng gěi bēi shuǐ.
칭 게이 뻬이 수이.

☞ 사진 한 장만 찍어주시겠어요?
能给照张相吗?
Néng gěi zhàozhāng xiàngma?
넝 게아 짜오장 썅마?

☞ 뭐 한 가지 여쭤도 될까요?
能问一下吗?
Néng wèn yíxià ma?
넝 원이샤 마?

- 照相 (짜오썅) 사진을 찍다
- 座位 (쭤웨이) 좌석
- 枕头 (전터우) 베개
- 水 (수이) 물

- 화장실 좀 사용해도 될까요?

  能使用一下洗手间吗？
  Néng shǐyòng yíxià xǐshǒujiān ma?
  넝 스융이샤 시서우지엔 마?

- 창문을 좀 열어도 될까요?

  能开一下窗户吗？
  Néng kāi yíxià chuānghu ma?
  넝 카이이샤 촹후 마?

- 저와 자리를 바꿔주시겠어요?

  能跟我换一下座儿吗？
  Néng gēnwǒ huàn yíxià zuòr ma?
  넝 껀워 환이샤 쭤얼 마?

- 이거 가져도 되요?

  把这拿走行吗？
  Bǎ zhè názǒu xíng ma?
  바 쩌 나저우 싱 마?

화장실을 의미하는 단어로 洗手间(시서우지엔), 厕所(처쉬) 등이 있으며 '화장실에 가고 싶은데요'라고 말할 때는 '我想去洗手间(워샹취시서우지엔)'이라고 합니다.

 **감사와 사과**

☛ 고마워.
谢谢。
Xièxie.
씨에시에.

☛ 정말 감사합니다.
非常感谢。
Fēicháng gǎnxiè.
페이창 간씨에.

很感谢。
Hěn gǎnxiè.
헌 간씨에.

☛ 도와주셔서 감사합니다.
谢谢您的帮助。
Xièxie nínde bāngzhù.
씨에시에 닌 더 빵주.

☛ 당신의 친절에 감사드립니다.
谢谢您的热情招待。
Xièxie nínde rèqíng zhāodài.
씨에시에 닌더 러칭 자오따이.

☛ 천만에요.
哪里哪里。
Nǎli nǎli.
나리 나리.

☛ 미안합니다.
对不起。
Duì bu qǐ.
뚜이 부 치.

- 非常 (페이창) 매우, 아주
- 感谢 (간씨에) 감사하다
- 帮助 (빵주) 도움
- 招待 (자오다이) 초대

☛ 정말 죄송합니다.
很抱歉。
Hěn bào qiàn.
헌 빠오 치엔.

☛ 사과드립니다.
向您赔礼。
Xiàng nín péilǐ.
샹 닌 페이리.

☛ 용서하세요.
请您原谅。
Qǐng nín yuánliàng.
칭 닌 웬량.

☛ 제 잘못입니다.
是我的错。
Shì wǒ de cuò.
쓰 워더 춰.

☛ 신경 쓰지 마세요.
不必在意。
Búbì zài yì.
부삐 짜이 이.

☞ 뭐라고 하셨죠?
您说什么?
Nín shuō shénme?
닌 쉬 선머?

☞ 다시 한 번 말씀해 주시겠어요?
能再说一遍吗?
Néng zài shuō yíbiàn ma?
넝 짜이 쉬 이삐엔 마?

☞ 조금 천천히 말씀해 주세요.
请慢点说。
Qǐng màndiǎn shuō.
칭 만디엔 쉬.

☞ 조금 크게 말씀해 주시겠어요?
能大点儿声说吗?
Néng dà diǎnr shēng shuōma?
넝 따 디알 성 쉬마?

☞ 확실하게 못 들었어요.
没听清楚。
Méi tīng qīngchǔ.
메이 팅 칭추.

☞ 못 알아들었어요.
没听懂。
Méi tīng dǒng.
메이 팅 둥.

☞ 그게 무슨 뜻이죠?
那是什么意思?
Nàshì shénme yìsi?
나쓰 선머 이스?

☛ 이걸 어떻게 발음하죠?
这个怎么发音？
Zhège zěnme fāyīn?
쩌거 전머 파인?

☛ 제가 하는 말을 이해하시겠어요?
能听懂我说什么吗？
Néng tīngdǒng wǒ shuō shénme ma?
넝 팅둥 워 숴 선머 마?

☛ 여기에 써주시겠어요?
能在这儿写一下吗？
Néng zài zhèr xiěyíxià ma?
넝 짜이 쩌얼 시에이샤 마?

☛ 저는 중국어를 못합니다.
我不会汉语。
Wǒ búhuì hànyǔ.
워 부후이 한위.

기분표현

☞ 정말 멋지네요!
太棒了!
Tài bàng le!
타이 빵 러!

☞ 정말 아름답군요!
太漂亮了!
Tài piàoliang le!
타이 퍄오량 러!

☞ 역겨워요!
很恶心!
Hěn ě xīn!
헌 어 신!

☞ 끔찍해요!
很吓人!
Hěn xià rén!
헌 씨아 런!

☞ 저는 이걸 굉장히 좋아해요!
我很喜欢这个!
Wǒ hěn xǐhuan zhège!
워 헌 시환 쩌거!

☞ 저는 이걸 싫어해요.
我不喜欢这个。
Wǒ bù xǐhuan zhège.
워 뿌 시환 쩌거.

我讨厌这个。
Wǒ tǎoyàn zhège.
워 타오옌 쩌거.

매우 싫어한다는 표현을 할 때 '讨厌'(타오옌-매우 싫어하다)을 사용합니다. 예를 들어 누군가에게 '我讨厌你'(워 타오옌 니)라고 한다면 '난 네가 정말 싫어'라는 의미가 되는 것이죠.

☛ 오늘은 며칠이죠?
今天是几号？
Jīntiān shì jǐhào?
진티엔 스 지하오?

☛ 12월 4일이요.
十二月四号。
Shíèr yuè sì hào.
스알 웨 쓰 하오.

☛ 오늘은 무슨 요일이죠?
今天是星期几？
Jīntiān shì xīngqī jǐ?
진티엔 스 싱치 지?

☛ 오늘은 월요일인가요?
今天是星期一吗？
Jīntiān shì xīngqī yī ma?
찐티엔 스 싱치이 마?

☛ 오늘은 수요일이에요.
今天是星期三。
Jīntiān shì xīngqī sān.
진티엔 스 싱치 싼.

星期一(싱치이)월요일 / 星期二(싱치알) 화요일 / 星期三(싱치싼)수요일 / 星期四(싱치쓰) 목요일 / 星期五(싱치우) 금요일 / 星期六(싱치려우) 토요일 / 星期天(싱치티엔)일요일 혹은 星期日 (싱치르)

☛ 지금은 몇 월이죠?
现在是几月份？
Xiànzài shì jǐyuèfèn?
시엔짜이 스 지웨펀?

☛ 1월이에요.
是一月。
Shì yī yuè.
쓰 이 웨.

➥ 지금 몇 시입니까?
现在几点?
Xiànzài jǐdiǎn?
시엔짜이 지디엔?

➥ 4시20분입니다.
4点20分。
Sìdiǎn èrshí fēn.
쓰디엔 알스 펀.

➥ 오늘 날씨 어떤가요?
今天天气怎么样?
Jīntiān tiānqì zěnmeyàng?
진티엔 티엔치 전머양?

➥ 북경 날씨는 어떤가요?
北京天气怎么样?
Běijīng tiānqì zěnmeyàng?
베이징 티엔치 전머양?

春天(춘티엔) 봄 / 夏天(씨아티엔) 여름 / 秋天(쳐우티엔) 가을 / 冬天(뚱티엔) 겨울 / 热(러) 덥다 / 暖(놘) 따뜻하다 / 凉(량) 선선하다 / 冷(렁) 춥다 / 雾(우) 안개 / 阴(인) 흐리다 / 晴(칭) 맑다 / 刮风(꽈펑) 바람이 불다 / 下雪(씨아쉐) 눈이 내리다 / 下雨(씨아위) 비가 내리다

☞ 여권 좀 보여주세요.
请出示您的护照。
Qǐng chūshì nínde hùzhào.
칭 추스 닌더 후짜오.

☞ 여행 목적이 무엇인가요?
旅行的目的是什么？
Lǚxíng de mùdì shì shénme?
뤼싱더 무디 스 선머?

☞ 휴가를 보내려고 왔습니다.
我来渡假。
Wǒlái dù jià.
워 라이 뚜쨔.

☞ 얼마 동안 머물 예정인가요?
您要逗留多长时间？
Nín yào dòuliú duōcháng shíjiān?
닌 야오 떠우려우 뚜어창 스지엔?

☞ 1주일간 머물 예정입니다.
逗留一个星期。
Dòuliú yíge xīngqī.
떠우려우 이거 싱치.

☛ 제 비자를 연장하고 싶습니다.
我想延期。
Wǒ xiǎng yánqī.
워 샹 옌치.

☛ 비자를 신청하고 싶습니다.
我要申请签证。
Wǒ yào shēnqǐng qiānzhèng.
워 야오 썬칭 치엔쩡.

☛ 여권유효기간이 곧 만료 됩니다.
护照有效期快到了。
Hùzhào yǒuxiàoqī kuài dào le.
후짜오 여우샤오치 콰이 따오 러.

☛ 중국에 출장갑니다.
去中国出差。
Qù zhōngguó chūchāi.
취 쭝궈 추차이.

☛ 친지방문입니까?
是探亲吗？
Shì tànqīn ma?
쓰 탄친 마?

- 护照 (후짜오) 여권
- 目的 (무디) 목적
- 渡假 (뚜쨔) 휴가
- 逗留 (떠우려우) 체류
- 延期 (옌치) 연기

☛ 구급차를 불러주세요.
请叫一下急救车。
Qǐng jiào yíxià jíjiùchē.
칭 쨔오이샤 지쪄우처.

☛ 병원에 데려다 주세요.
请送到医院。
Qǐng sòngdào yīyuàn.
칭 숭따오 이웬.

☛ 머리가 심하게 아파요.
头很疼。
Tóu hěn téng.
터우 헌 텅.

☛ 경찰을 불러주세요!
请叫一下警察!
Qǐng jiàoyíxià jǐngchá!
칭 쨔오이샤 징차!

☛ 여권을 잃어버렸어요.
我丢了护照。
Wǒ diūle hùzhào.
워 디우러 후짜오.

☛ 길을 잃었어요.
我迷路了。
Wǒ mílù le.
워 미루 러.

☛ 여행자수표를 도둑맞았어요.
我的旅行支票被偷了。
Wǒde lǚxíng zhīpiào bèi tōule.
워더 뤼싱 쯔퍄오 뻬이 터우러.

• 急救车 (지쪄우처) 구급차
• 医院 (이웬) 병원
• 警察 (징차) 경찰
• 迷路 (미루) 길을 잃다
• 旅行支票 (뤼싱쯔퍄오) 여행자수표

- 저놈 잡아라! 도둑이야!
  是小偷！快捉住他！
  Shìxiǎotōu! kuài zhuōzhù tā!
  쓰 샤오터우! 콰이 줘쭈 타!

- 여기 누구 한국말 할 줄 아는 사람 계세요?
  这儿有会说韩国语的人吗？
  Zhèr yǒu huì shuō hánguóyǔ de rénma?
  쩌얼 여우 후이 쉬 한궈위 더 런마?

- 한국 대사관에 연락 좀 해주세요.
  请联络一下韩国大使馆。
  Qǐng liánluò yíxià hánguó dàshǐguǎn.
  칭 리엔뤄 이샤 한궈 따스관.

- 위급 상황이에요.
  是紧急情况。
  Shì jǐnjí qíngkuàng.
  쓰 진지 칭쾅.

- 누가 좀 도와주세요!
  请帮一下忙！
  Qǐng bāngyíxià máng!
  칭 빵이샤 망!

01. 시간

1시
一点 (이디엔)

1시 5분
一点五分 (이디엔우펀)

1시 15분
一点15分 (이디엔스우펀)
一点1刻 (이디엔이커)

1시 30분
一点三十分 (이디엔싼스펀)
一点半 (이디엔빤)

1시 40분
一点四十分 (이디엔쓰스펀)

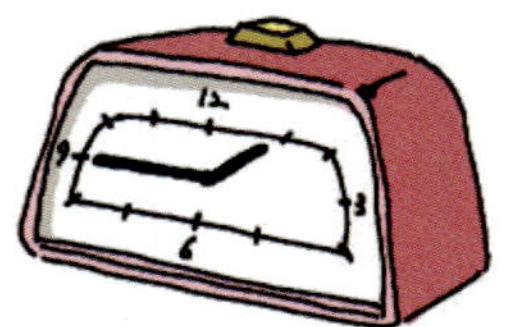

1시 45분
一点四十五分 (이디엔우스펀)

• **2시 5분전** 差五分两点 (차우펀량디엔)

02. 필수 단어

숫자

일	이	삼	사	오	육	칠	팔	구	십
一 (이)	二 (알)	三 (싼)	四 (쓰)	五 (우)	六 (려우)	七 (치)	八 (바)	九 (져우)	十 (스)

정도

절반	3분의 1	4분의 1	두 배
一半 (이빤)	三分之一 (싼펀즈이)	四分之一 (쓰펀즈이)	两倍 (량뻬이)
세 배	한 번	두 번	세 번
三倍 (싼뻬이)	一遍 (이삐엔)	两遍 (량삐엔)	三遍 (싼삐엔)

시간

시간	한 시간	두 시간	분
时间 (스지엔)	1个小时 (이거샤오스)	两个小时 (량거샤오스)	分 (펀)
십분	십초	오전	오후
十分 (스펀)	十秒 (스먀오)	上午 (쌍우)	下午 (씨아우)

방향

동	서	남	북
东 (동)	西 (시)	南 (난)	北 (베이)
동쪽	서쪽	남쪽	북쪽
东边 (동비엔)	西边 (시비엔)	南边 (난비엔)	北边 (베이비엔)

• 중국의 명절

■ 春节(춘지에 : 춘절)

우리나라의 설날에 해당하는 중국최대의 명절입니다. 음력 1월 1일이며 水饺(수이쟈오:물만두)를 직접 만들어 먹으며 보통 7일에서 10일 정도 쉽니다. 춘절에 중국인들은 거리에 나오지 않고 연휴 내내 가족이나 친척들과 모여 어른들은 마작, 아이들은 포커를 칩니다.

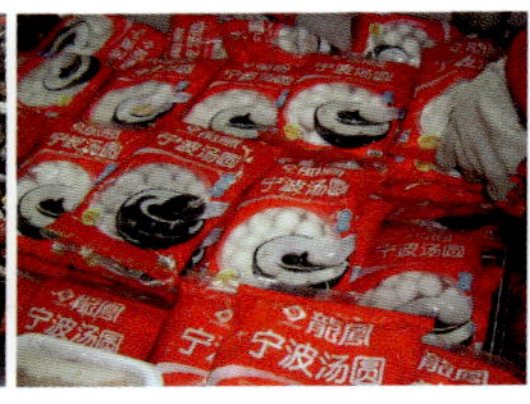

■ 元宵节(위엔샤오지에 : 원소절)

음력 1월 15일이며 우리나라의 정월 대보름입니다. 灯节(떵지에)라고도 하며 동그랗게 생긴 '원소'라는 음식을 먹습니다. 원소의 소는 달콤한 맛의 참깨나 콩가루, 말린 과일 등이 들어가며 맑은 물에 끓여 먹습니다.

■ 端午节(뚜완우지에 : 단오절)

음력 5월 5일이며 대나무 통에 쌀을 넣고 소태나무 잎으로 감아 물속에 던지던 풍습이 변하여, 지금은 찹쌀과 대추를 댓잎이나 갈잎에 세모로 싸서 쪄낸 '棕子(쭝즈)'를 먹습니다. 용선경기 등의 행사를 하기도 하고 보통 하루정도 쉽니다.

■ 中秋节(중쳐우지에 : 중추절)

음력 8월 15일이며 우리나라의 추석에 해당하고 보름달처럼 생긴 '月饼(웨빙 : 월병)'을 먹습니다. 웨빙 안에는 밤, 대추, 파인애플 등의 다양한 소가 들어가는데, 요즘은 순금으로 만든 웨빙을 선물하기도 합니다.

■ 重阳节(충양지에 : 중양절)

음력 9월 9일로 풍년을 경축하며 산에 올라가 국화주를 마시면서 재앙을 떨칩니다. 중국에서 홀수는 음양 중에 양에 해당하고 음력 9월 9일은 홀수가 겹치는 날이므로 중양(重阳)이라 불리게 되었습니다.

Chapter
02

출국과 입국

드디어 꿈에 그리던 중국여행을 떠납니다. 마지막으로 다시 한 번 항공권과 여권을 확인하고 공항으로 출발!
출국을 위해 비행기를 이용하려면 최소한 이륙시간 2시간 전에 공항에 도착하는 것이 좋습니다. 출발하는 날부터 비행시간에 늦어 허둥지둥한다면 모처럼 들뜬 기분으로 즐기는 공항에서의 여유로움을 잃을 수도 있으니까요.
여기에서는 중국 항공사를 이용하여 기내에 한국어를 구사할 수 있는 승무원이 없을 경우 기내에서 사용할 수 있는 표현과 목적지에 도착해 공항에서 입국심사와 세관을 통과할 때 사용하는 표현을 알아보겠습니다.

KEY Expressions

01 제 좌석 찾는 것 좀 도와주시겠어요?

您帮我找一下我的座位吗？

Nín bāng wǒ zhǎo yíxià wǒ de zuòwèi ma?

닌 빵 워 자오이샤 워 더 쭤웨이 마?

제 친구 찾는 것 找我的朋友 zhǎo wǒ de péngyou 자오 워 더 펑여우	제 남편 찾는 것 找我丈夫 zhǎo wǒ zhàngfu 자오 워 짱푸	제 아이 찾는 것 找我孩子 zhǎo wǒ háizi 자오 워 하이즈
화장실 찾는 것 找洗手间 zhǎo xǐshǒujiān 자오 시서우지엔	환전소 찾는 것 找兑换处 zhǎo duìhuànchù 자오 뚜이환추	짐 올려놓는 것 把行李放上去 bǎxínglifàngshangqu 바 싱리 팡상 취

02 물 한 잔 주세요.

请给我一杯矿泉水。

Qǐng gěi wǒ yìbēi kuàngquánshuǐ.

칭 게이 워 이뻬이 쾅취엔수이.

담요 毯子 tǎnzi 탄즈	베개 枕头 zhěntou 전터우	헤드폰 耳机 ěrjī 얼지
커피 한 잔 一杯咖啡 yì bēi kāfēi 이 뻬이 카페이	오렌지주스 一杯橙汁 yì bēi chéngzhī 이 뻬이 청즈	맥주 한 캔 一听啤酒 yì tīng píjiǔ 이 팅 피져우
사이다 한 잔 一杯汽水 yì bēi qìshuǐ 이 뻬이 치수이	콜라 한 잔 一杯可乐 yì bēi kělè 이 뻬이 커러	와인 한 잔 一杯葡萄酒 yì bēi pútaojiǔ 이 뻬이 푸타오져우

03 여권 좀 보여주십시오.

请出示您的护照。

Qǐng chūshì nín de hùzhào.

칭 추스 닌 더 후짜오.

항공권	탑승권	비자
飞机票	登机牌	签证
fēijīpiào	dēngjīpái	qiānzhèng
페이지퍄오	떵지파이	치엔쩡
수하물 보관증	입국카드	배낭
行李条	入境卡	背包
xínglitiáo	rùjìngkǎ	bèibāo
싱리탸오	루징카	뻬이바오

04 화장실이 어디죠?

请问洗手间在哪儿?

Qǐng wèn xǐshǒujiān zài nǎr?

칭원 시서우지엔 짜이 나알?

수하물 수취대	환전소	관광안내소
行李领取台	兑换处	旅游咨询处
xíngli lǐngqǔtái	duìhuànchù	lǚyóu zī xún chù
싱리 링취타이	뚜이환추	뤼여우 즈쉰추
16번 탑승구	동쪽 출구	택시 승강장
十六号登机口	东边的出口	出租车站
shíliù hào dēngjīkǒu	dōngbiān de chūkǒu	chūzūchēzhàn
스려우 하오 떵지커우	뚱비엔 더 추커우	추주처짠
지하철역	공중전화박스	버스정류장
地铁站	公用电话亭	公共汽车站
dìtiězhàn	gōngyòngdiànhuàtíng	gōnggòngqìchēzhàn
띠티에짠	꿍융띠엔화팅	꿍궁치처짠

기내에서

기내에 탑승하면 제일 먼저 좌석을 찾아가야겠죠? 만약 자리를 찾기
어려워 도움이 필요하다면 승무원이나 다른 승객에게 물어보는 것도
좋은 방법입니다. 만약 국내항공을 이용한다면 중국어로 말할 필요가
없지만 중국항공이라면 지금부터 중국어 혹은 영어로 말해야 합니다.
자 ~ 긴장하지 말고 한번 중국어로 말해볼까요?

生生회화

A : 제 자리 좀 찾아주세요.
请您帮我找一下座位。
Qǐng nín bāng wǒ zhǎo yí xià zuòwèi.
칭 닌 빵 워 자오이샤 쭤웨이.

B : 좌석번호가 몇 번이시죠?
您的座位号码是多少?
Nín de zuòwèihàomǎ shì duōshao?
닌 더 쭤웨이하오마 스 뚜어사오?

A : 제 자리는 38D에요.
我的座位是38D。
Wǒ de zuòwèi shì sānshí bā D.
워 더 쭤웨이 스 싼스 빠 띠.

B : 저쪽 창가에 있는 자리입니다.
就是那边靠窗的座位。
Jiùshì nàbiān kàochuāng de zuòwèi.
쪄우스 나비엔 카오촹 더 쭤웨이.

- 座位(쭤웨이) 좌석
- 座位号码(쭤웨하오마) 창가 쪽
- 靠窗 (카오촹) 좌석
- 靠通道(카오퉁따오) 통로 쪽(복도 쪽)

 기내에 탑승해서 좌석 찾기

👉 이 좌석이 어디 있는지 알려주시겠어요?
请问这个座位在哪儿?
Qǐngwèn zhège zuòwèi zài nǎr?
칭원 쩌거 쭤웨이 짜이 나알?

👉 좌석 번호가 몇 번이시죠?
座位号码是多少?
Zuòwèihàomǎ shì duōshao?
쭤웨이하오마 스 뚜어사오?

👉 23A번 좌석을 찾고 있는데요.
我找23A。
Wǒ zhǎo 23A.
워 자오 알스싼 에이.

👉 탑승권을 보여주세요.
请让我看一下登机牌。
Qǐng ràng wǒ kàn yíxià dēngjīpái.
칭 랑 워 칸이샤 떵지파이.

👉 실례합니다만, 제 자리에 앉아계신 것 같은데요.
不好意思，您好像坐了我的座儿。
Bùhǎoyìsi, nín hǎoxiàng zuò le wǒ de zuòr.
뿌하오이스, 닌 하오썅 쭤 러 워 더 쭤얼.

👉 저와 자리를 바꿔주시겠어요?
能和我换一下座位吗?
Néng hé wǒ huàn yíxià zuòwèi ma?
넝 허 워 환이샤 쭤웨이 마?

👉 여기 앉아도 될까요?
我可以坐这儿吗?
Wǒ kěyǐ zuò zhèr ma?
워 커이 쭤 쩌얼 마?

☞ 의자를 뒤로 젖혀도 되겠습니까?
可以放倒椅背吗?
Kěyǐ fàngdǎo yǐbèi ma?
커이 팡다오 이뻬이 마?

☞ 베개 좀 주시겠어요?
可以给我一个枕头吗?
Kěyǐ gěi wǒ yíge zhěntou ma?
커이 게이 워 이거 전터우 마?

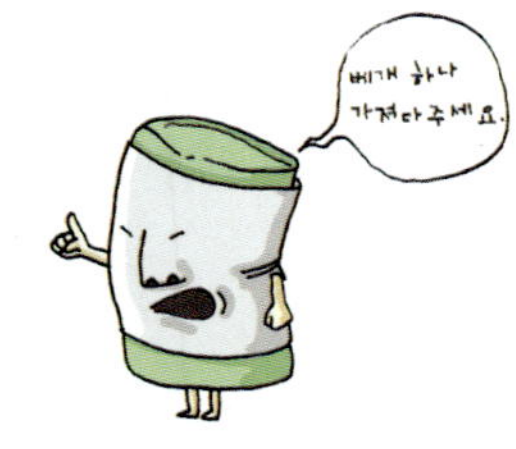

☞ 음료는 뭘로 하시겠습니까?
您想喝点什么?
Nín xiǎng hē diǎn shénme?
닌 샹 허 디엔 선머?

☞ 맥주 한 캔 주세요.
请给我一听啤酒。
Qǐng gěi wǒ yì tīng píjiǔ.
칭 게이 워 이 팅 피져우.

☞ 오렌지주스 있나요?
有橙汁吗?
Yǒu chéngzhī ma?
여우 청즈 마?

☞ 한국 잡지나 신문 있어요?
有没有韩国杂志或者报纸?
Yǒu méi yǒu Hánguó zázhì huòzhě bàozhǐ?
여우 메이 여우 한궈 자쯔 훠저 빠오즈?

☞ 식사는 언제 합니까?
什么时候用餐?
Shénme shíhou yòngcān?
선머 스허우 융찬?

· 橙汁(청즈) 오렌지주스
· 可乐(커러) 콜라
· 汽水(치수이) 사이다
· 芬达(펀다) 환타

☞ 생선으로 하시겠어요, 닭고기로 하시겠어요?
您要鱼还是鸡肉？
Nín yào yú háishì jīròu?
닌 야오 위 하이쓰 지러우?

☞ 닭고기로 하겠습니다.
我吃鸡肉。
Wǒ chī jīròu.
워 츠 지러우.

☞ 뭐 마실 것 좀 주세요.
来点儿喝的。
Lái diǎnr hēde.
라이 디알 허 더.

☞ 고맙습니다. 잘 먹었습니다.
谢谢，我吃得很好。
Xièxie, wǒ chī de hěn hǎo.
씨에시에, 워 츠 더 헌 하오.

☞ 펜 좀 빌릴 수 있을까요?
我可以借个笔吗？
Wǒ kěyǐ jiè ge bǐ ma?
워 커이 찌에 거 비 마?

☞ 이 불을 어떻게 끄죠?
这个灯怎么关？
Zège dēng zěnme guān?
쩌거 덩 전머 꾸안?

- 鱼 (위) 생선
- 鸡肉 (지러우) 닭고기
- 牛肉 (녀우러우) 소고기
- 猪肉 (주러우) 돼지고기
- 米饭 (미판) 밥
- 面条 (미엔탸오) 국수

여러 가지 질문하기

👉 화장실이 어디입니까?
请问, 洗手间在哪儿?
Qǐng wèn, xǐshǒujiān zài nǎr?
칭 원, 시서우지엔 짜이 나알?

👉 영화를 상영합니까?
电影上映吗?
Diànyǐng shàngyìng ma?
띠엔잉 쌍잉 마?

👉 이 서류를 어떻게 작성하죠?
这张表格怎么填?
Zhè zhāng biǎogé zěnme tián?
저 장 뱌오거 전머 티엔?

👉 얼마나 더 가야합니까?
还要飞多长时间?
Hái yào fēi duōcháng shíjiān?
하이 야오 페이 뚜어창 스지엔?

👉 현지시각이 몇 시죠?
当地时间现在几点?
Dāngdì shíjiān xiànzài jǐ diǎn?
땅띠 스지엔 시엔짜이 지 디엔?

👉 면세품을 구매할 수 있을까요?
能买免税品吗?
Néng mǎi miǎnshuìpǐn ma?
넝 마이 미엔쑤이핀 마?

👉 한국 돈을 받나요?
收韩币吗?
Shōu hánbì ma?
서우 한삐 마?

- 电影 (띠엔잉) 영화
- 填 (티엔) 작성하다, 채우다
- 当地时间 (땅띠스지엔) 현지시각
- 免税品 (미엔쑤이핀) 면세품
- 韩币 (한삐) 한국지폐

몸이 불편할 때

☛ 기내가 너무 추운데요.
机内太冷了。
Jīnèi tài lěng le.
지네이 타이 렁 러.

☛ 너무 더워요.
太热了。
Tài rè le.
타이 러 러.

☛ 몸이 안 좋아요.
我身体不舒服。
Wǒ shēntǐ bù shūfu.
워 선티 뿌 수푸.

☛ 비행기멀미약 있어요?
有晕机药吗?
Yǒu yùnjīyào ma?
여우 윈지야오 마?

☛ 토할 것 같아요.
我想吐。
Wǒ xiǎng tù.
워 샹 투.

☛ 두통이 너무 심합니다.
我头疼得厉害。
Wǒ tóu téng de lìhai.
워 터우 텅 더 리하이.

☛ 진통제 좀 주세요.
请给我止痛药。
Qǐng gěi wǒ zhǐtòngyào.
칭 게이 워 즈퉁야오.

핵심단어

- 晕机 (윈지) 비행기 멀미
- 晕船 (윈촨) 뱃멀미
- 晕车 (윈처) 차멀미
- 头痛 (터우퉁) 두통
- 腰痛 (야오퉁) 요통
- 牙痛 (야퉁) 치통

 환승하기

☛ 저는 청도에서 비행기를 갈아타야 합니다.
我得在青岛转机。
Wǒ děi zài Qīngdǎo zhuǎnjī.
워 데이 짜이 칭다오 주안지.

☛ 환승 비행기 탑승수속을 어디에서 하죠?
在哪儿办换乘手续?
Zài nǎr bàn huàn chéng shǒuxù?
짜이 날 빤 환청 서우쉬?

☛ 갈아타는 비행기를 놓쳤어요.
我错过了转乘的航班。
Wǒ cuòguò le zhuǎnchéng de hángbān.
워 춰꿔 러 주안청 더 항빤.

☛ 다른 항공편이 있는지 확인 부탁드립니다.
请问有别的航班吗?
Qǐng wèn yǒu bié de hángbān ma?
칭 원 여우 비에더 항빤 마?

☛ 수화물 찾는 곳은 어디인가요?
在哪儿找行李?
Zài nǎr zhǎo xíngli?
짜이 나알 자오 싱리?

☛ 이 공항에 얼마나 오래 머무나요?
在这机场停留多长时间?
Zài zhè jīchǎng tíngliú duō cháng shíjiān?
짜이 저 지창 팅려우 뚜어 창 스지엔?

☛ 몇 시에 출발하나요?
几点出发?
Jǐ diǎn chūfā?
지 디엔 추파?

☛ 몇 시에 탑승을 시작하나요?
几点开始登机?
Jǐ diǎn kāishǐ dēngjī?
지 디엔 카이스 떵지?

[지식플러스]

• 기내시설의 명칭

① 行李架 xínglijià (싱리쨔) 머리 위 짐칸

② 驾驶员座舱 jiàshǐyuán zuòcāng (쨔스위엔 쭤창) 조종실

③ 驾驶员 jiàshǐyuán (쨔스위엔) 조종사

④ 乘务员 chéngwùyuán (청우위엔) 승무원

⑤ 氧气面罩 yángqì miànzhào (양치 미엔짜오) 산소마스크

⑥ 清洁袋 qīngjiédài (칭지에따이) 구토 봉투

⑦ 折叠桌子 zhédié zhuōzi (저디에 쭤즈) 트레이 테이블(tray table)

⑧ 座位 zuòwèi (쭤웨이) 좌석

⑨ 通道 tōngdào (퉁따오) 통로

• 安全带 ānquándài (안취엔따이) 안전벨트

• 救生服 jiùshēngfú (쪄우성푸) 구명조끼

• 이런 행동만은 제발! – 기내에티켓

거리가 멀다면 기내에서 간편한 옷차림을 하고 편안한 신발로 갈아 신을 수 있지만 양말까지 벗고 기내를 돌아다니는 것은 다른 사람을 불쾌하게 만드는 행위입니다.

발이 피곤하다면 신발을 벗고 자기 자리에서 발을 쉬게 합니다.

필요한 것이 있어 승무원을 부를 때는 호출버튼을 이용하거나 승무원과 눈이 마주쳤을 때 가볍게 손짓을 합니다. 큰 소리로 부르거나 손을 흔들어 부르는 것은 예의에 어긋나는 행동입니다.

좌석의 등받이를 뒤로 눕히고 싶다면 뒷사람을 생각해서 적당히 눕힙니다. 기내(특히 이코노미클래스)는 개인에게 할당된 공간이 협소하기 때문에 앞사람이 의자를 뒤로 눕히면 뒷사람의 공간이 매우 좁아집니다.

특히 식사서비스가 시작되면 뒷사람이 트레이 테이블을 사용할 수 있도록 반드시 의자를 원위치 하도록 합시다.

입국심사·세관통과

Section 02

비행기가 착륙하면 가장 먼저 하는 일이 입국심사와 세관통과입니다. 입국심사는 기다리는 시간을 제외하면 대부분 5분을 넘기지 않고 끝납니다. 대부분의 경우 아무 질문도 하지 않고 통과되는 경우가 있지만 간혹 질문을 하는 경우도 있으니 이 책을 보고 사전에 대답할 문장을 미리 연습해 두는 것이 좋습니다.

生生회화

A : 여권과 입국신고서를 보여주세요.
请出示护照和入境卡。
Qǐng chūshì hùzhào hé rùjìngkǎ.
칭 추스 후짜오 허 루징카.

B : 여기 있습니다.
在这儿。
Zài zhèr.
짜이 쩌얼.

A : 방문 목적이 무엇입니까?
您来这儿的目的是什么?
Nín lái zhèr mùdì shì shénme?
닌 라이 쩌얼 더 무디 스 선머?

B : 관광입니다.
旅游。
Lǚyóu.
뤼여우.

A : 중국에 얼마나 머물 예정이신가요?
您在中国逗留多长时间?
Nín zài Zhōngguó dòuliú duōcháng shíjiān?
닌 짜이 쭝궈 떠우려우 뚜어창 스지엔?

B : 약 일주일입니다.
一个星期左右。
Yíge xīngqī zuǒyòu.
이거 싱치 쭤여우.

 # 生生 상황 표현

 **입국심사**

➦ 여권과 입국신고서를 보여주세요.
请出示护照和入境卡。
Qǐng chūshì hùzhào hé rùjìngkǎ.
칭 추스 후짜오 허 루징카.

➦ 중국에는 처음 오시는 겁니까?
您是第一次来中国吗?
Nín shì dì yī cì lái Zhōngguó ma?
닌 쓰 띠 이 츠 라이 쭝궈 마?

➦ 중국에 얼마 동안 머물 예정입니까?
您在中国逗留多长时间?
Nín zài Zhōngguó dòuliú duōcháng shíjiān?
닌 짜이 쭝궈 떠우려우 뚜어창 스지엔?

➦ 2주간 머물 예정입니다.
我打算逗留两个星期。
Wǒ dǎsuàn dòuliú liǎngge xīngqī.
워 다쏸 떠우려우 량거 싱치.

➦ 방문목적은 무엇입니까?
入境目的是什么?
Rùjìng mùdì shì shénme?
루징 무디 스 선머?

➦ 관광입니다. / 사업차 방문입니다. / 공부하러 왔습니다.
旅游。 / 商务。 / 学习。
Lǚyóu. / Shāngwù. / Xuéxí.
뤼여우. / 상우. / 쉐시.

➦ 어디에서 머물 예정입니까?
您打算住哪儿?
Nín dǎsuàn zhù nǎr?
닌 다쏸 쭈 나알?

중국호텔입니다.
住中国大饭店。
Zhù Zhōngguó dàfàndiàn.
쭈 쭝궈 따판띠엔.

주소가 어떻게 되죠?
您的地址是什么？
Nín de dìzhǐ shì shénme?
닌더 띠즈 스 선머?

아직 주소는 모릅니다.
我还没有地址。
Wǒ hái méi yǒu dìzhǐ.
워 하이 메이여우 띠즈.

돈을 얼마나 소지하고 계십니까?
您带了多少现金？
Nín dàile duōshao xiànjīn?
닌 따이러 뚜어사오 씨엔진?

미화 약 3,500달러를 가지고 있습니다.
大约3,500美元。
Dàyuē sān qiān wǔ bǎi měiyuán.
따위에 싼 치엔 우 바이 메이위엔.

이 곳에 친척이 있습니까?
这儿有亲戚吗？
Zhèr yǒu qīnqi ma?
쩌얼 여우 친치 마?

아니오. 없습니다.
没有。
Méiyǒu.
메이여우.

네. 삼촌이 천진에 살고 있습니다.
有，叔叔住在天津。
Yǒu, shūshu zhùzài Tiānjīn.
여우, 수수 쭈짜이 티엔진.

· 叔叔(수수) 삼촌
· 阿姨(아이) 이모
· 姑妈(꾸마) 고모

세관통과하기

☛ 신고할 물건이 있습니까?
有没有要申报的东西？
Yǒu méiyǒu yào shēnbào de dōngxi?
여우 메이 여우 야오 선빠오 더 뚱시?

☛ 신고할 게 없습니다.
没有申报的。
Méiyǒu shēnbào de.
메이여우 선빠오 더.

☛ 여자 친구에게 줄 시계가 있습니다.
我有要送给女朋友的手表。
Wǒ yǒu yaò sònggěi nǚpéng yǒu de shǒubiǎo.
워 여우 야오 쑹게이 뉘펑여우 더 서우뱌오.

☛ 이 물건의 가격이 대략 얼마나 됩니까?
这东西大概多少钱？
Zhè dōngxi dàgài duōshao qián?
쩌 뚱시 따까이 뚜어사오 치엔?

☛ 250달러 주고 샀습니다.
花了250美元买的。
Huāle èr bǎi wǔ shí měiyuán mǎide.
화러 알바이 우스 메이위엔 마이더.

☛ 이런 물건은 세금을 내셔야 합니다.
这种物品要交税。
Zhè zhǒng wùpǐn yào jiāoshuì.
쩌중 우핀 야오 쟈오쑤이.

☛ 가방을 열어주세요.
请您打开行李。
Qǐng nín dǎkāi xíngli.
칭 닌 다카이 싱리.

➥ 이건 뭡니까?
这是什么?
Zhè shì shénme?
쩌 스 선머?

➥ 제 디지털 카메라입니다.
这是我的数码相机。
Zhè shì wǒ de shùmǎ xiàngjī.
쩌 스 워 더 쑤마 썅지.

➥ 개인적 용도로 가져왔습니다.
这是我的私人用品。
Zhè shì wǒ de sīrén yòngpǐn.
쩌 스 워 더 스렌 융핀.

➥ 혹시 담배 같은 것 가져오셨는지요?
您带没带烟?
Nín dài méi dài yān?
닌 따이 메이 따이 옌?

국가마다 반입할 수 있는 담배의 양이 정해져 있는데, 기준치를 약간 초과했을지라도 개인적 용도로 가져왔다는 것을 증명할 수만 있다면 대부분 통과시켜 줍니다.

➥ 담배 한 보루가 있는데 제가 피우려고 샀습니다.
有一包香烟，为了自己抽买的。
Yǒu yì bāo xiāngyān, wèile zìjǐ chōu mǎide.
여우 이 빠오 썅옌, 웨이러 쯔지 처우 마이더.

➥ 그것을 가지고 입국하는 것은 금지되어 있습니다.
禁止带这种东西入境。
Jìnzhǐ dài zhèzhǒng dōngxi rùjìng.
찐즈 따이 쩌중 뚱시 루징.

한국인은 유난히 외국에서도 한국 음식을 그리워합니다. 그래서인지 많은 사람이 김치나 김, 고추장 등의 한국 음식을 가지고 가죠. 만약 한국 음식을 가져가야 한다면 확실히 포장한 후 제조사의 상표가 부착된 식품으로 준비해야 합니다. 그렇지 않으면 입국허가를 받을 수 없어 아까운 음식을 버려야 하니까요.

짐 찾기

➤ 수하물 찾는 곳이 어디죠?
在哪儿取行李?
Zài nǎr qǔ xíngli?
짜이 나알 취 싱리?

➤ 이 컨베이어가 413 항공편 맞나요?
这行李转盘是413班机的吗?
Zhè xíngli zhuànpán shì sì yāo sān bānjī de ma?
저 싱리주안판 스 쓰야오싼 빤지 더 마?

➤ 제 짐을 찾을 수가 없어요.
找不到我的行李。
Zhǎobudào wǒ de xíngli.
자오부따오 워 더 싱리.

➤ 가방이 어떻게 생겼죠?
您的包是什么样的?
Nín de bāo shì shénme yàng de?
닌 더 바오 스 선머 양 더?

➤ 작은 갈색 가방입니다.
是棕色的小行李箱。
Shì zōngsè de xiǎo xínglixiāng.
쓰 중써 더 샤오 싱리샹.

➤ 수하물 보관증을 보여주시겠어요?
能让我看看您的行李票吗?
Néng ràng wǒ kànkan nín de xíngli piào ma?
넝 랑 워 칸칸 닌 더 싱리 퍄오 마.

➤ 이게 제 수하물 보관증이에요.
这是我的行李票。
Zhè shì wǒ de xínglipiào.
쩌 스 워 더 싱리퍄오.

• 行李转盘(싱리주안판) 짐 운반 장치

[지식플러스]

• 입국카드 작성요령

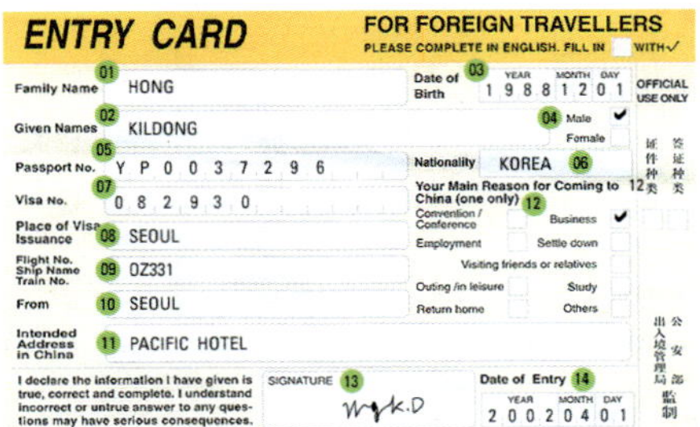

① Family Name 성
② Given Name 이름
③ Date of Birth 생년월일(일/월/연)
④ Male or Female 성별(남/여)
⑤ Passport Number 여권번호
⑥ Nationality 국적
⑦ Visa No 비자번호
⑧ Place of Visa Issuance 비자발행도시
⑨ Flight No / Ship Name / Train No 입국편명
⑩ From 출발지
⑪ Intended Address in China 중국 내 주소
⑫ Your Main Reason...... 입국목적
⑬ SIGNATURE 서명
⑭ Date of Entry 입국일

• 세관신고서 작성요령

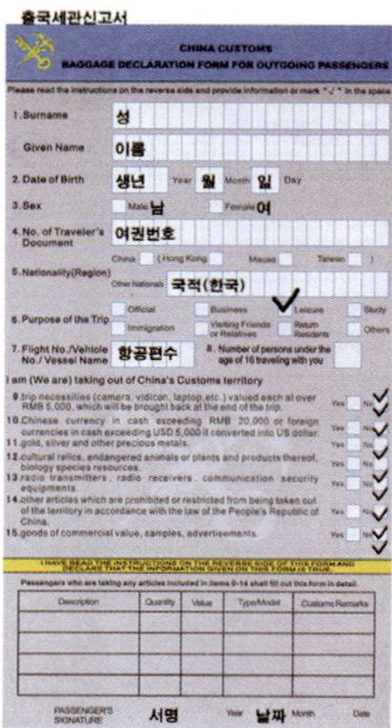

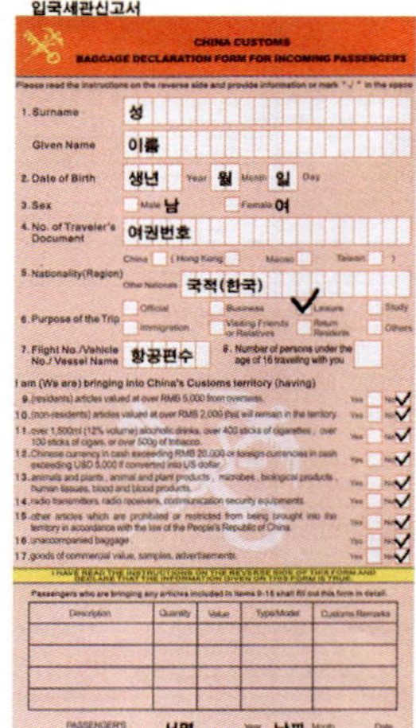

① Surname 성
   Given Name 이름
② Date of Birth 생년월일
③ Sex 성별
④ No. of Traveler's document 여권번호
⑤ Nationality 국적
⑥ Purpose of the Trip 입국사유
⑦ Flight no./Vehicle No./Vessel Name 항공편명 및 항공편 번호 또는 (선박)선명

Section 03

공항에서

입국심사를 거쳐 수하물을 찾고 나면 시내로, 혹은 짐을 풀어놓을 숙소로 가기 위해 교통편을 알아봐야겠죠? 여행사에서 제공하는 단체관광이라면 관광버스가 기다리고 있겠지만 그렇지 않은 경우라면 공항에 있는 관광안내소에서 교통편을 알아볼 수 있습니다. 또한, 한국에서 환전을 하지 않았다면 공항에 있는 환전소에서 환전을 하도록 합니다.

生生회화

A : 실례합니다. 관광안내소가 어디 있는지 아세요?
请问，旅游咨询台在哪儿？
Qǐngwèn, lǚyóu zīxúntái zài nǎr?
칭원, 뤼여우 쯔쉰타이 짜이 나알?

B : 서점 바로 옆에 있어요.
就在书店旁边。
Jiù zài shūdiàn pángbiān.
쩌우 짜이 수띠엔 팡비엔.

A : 거기서 이 도시의 지도를 판매하나요?
那儿卖这个城市的地图吗？
Nàr mài zhège chéngshì de dìtú ma?
날 마이 쩌거 청쓰 더 띠투 마?

B : 아마 공짜일 거예요.
可能是免费的。
Kěnéng shì miǎnfèi de.
커넝 쓰 미엔페이 더.

A : 감사합니다.
谢谢。
Xièxie.
씨에시에.

B : 천만에요.
不客气。
Bú kèqi.
부커치.

生生 상황 표현

환전하기

➤ 이걸 인민폐로 환전할 수 있을까요?
能把这个换成人民币吗？
Néng bǎ zhège huànchéng rénmínbì ma?
넝 바 쩌거 환청 런민삐 마?

➤ 환율이 어떻게 됩니까?
现在汇率是多少？
Xiànzài huìlǜ shì duōshǎo?
시엔짜이 후이뤼 스 뚜어사오?

➤ 여행자수표를 현금으로 바꾸고 싶은데요.
我想把旅行支票换成现金。
Wǒ xiǎng bǎ lǚxíng zhīpiào huànchéng xiànjīn.
워 샹 바 뤼싱 즈퍄오 환청 씨엔진.

➤ 이 신청서를 기재해주세요.
请填写这张申请表。
Qǐng tiánxiě zhè zhāng shēnqǐngbiǎo.
칭 티엔시에 쩌 장 선칭뱌오.

➤ 어떻게 드릴까요?
您要怎么换？
Nín yào zěnme huàn?
닌 야오 전머 환?

➤ 10위엔짜리 열 장과 20위엔짜리 다섯 장, 그리고 나머지는 동전으로 주세요.
要十张十块的，五张二十块的，剩下的就换成硬币吧。
Yào shí zhāng shí kuài de, wǔ zhāng èr shí kuài de, shèngxià de jiù huànchéng yìngbì ba.
야오 스 장 스 콰이 더, 우장 알 스 콰이 더, 썽샤 더 쩌우 환청 잉삐 바.

➤ 환전수수료가 얼마입니까?
兑换手续费是多少？
Duìhuàn shǒuxùfèi shì duōshao?
뚜이환 서우쉬페이 스 뚜어사오?

관광안내소에서

👉 실례합니다. 관광안내소가 어디에 있나요?
请问，旅游咨询台在哪儿？
Qǐngwèn, lǚyóu zīxúntái zài nǎr?
칭원, 뤼여우 쯔쉰타이 짜이 나알?

👉 시내지도 한 장 주세요.
请给我一张市区地图。
Qǐng gěi wǒ yì zhāng shìqū dìtú.
칭 게이 워 이 장 쓰취 띠투.

👉 호텔리스트 있어요?
有饭店名单吗？
Yǒu fàndiàn míngdān ma?
여우 판띠엔 밍딴 마?

👉 비교적 저렴한 호텔 하나 소개해 주시겠어요?
能给我介绍一家比较便宜的饭店吗？
Néng gěi wǒ jièshào yì jiā bǐjiào piányi de fàndiàn ma?
넝 게이 워 찌에사오 이쟈 비쟈오 피엔이 더 판띠엔 마?

👉 방 예약 좀 해 주시겠어요?
请帮我预订一下房间，好吗？
Qǐng bāng wǒ yùdìng yíxià fángjiān, hǎoma?
칭 빵 워 위띵 이샤 팡지엔, 하오마?

👉 관광안내책자 한 개 주세요.
请给我一本旅游指南。
Qǐng gěi wǒ yì běn lǚyóuzhǐnán.
칭 게이 워 이 번 뤼여우즈난.

👉 열차시간표 하나 주세요.
请给我一个列车时刻表。
Qǐng gěi wǒ yíge lièchē shíkèbiǎo.
칭 게이 워 이거 례처 스커뱨오.

☛ 지하철 노선도 있나요?
有没有地铁线路图？
Yǒu méiyǒu dìtiě xiànlùtú?
여우 메이여우 띠티에 씨엔루투?

☛ 이 근처에 가볼만한 관광명소가 있나요?
附近有值得去一趟的旅游景点吗？
Fùjìn yǒu zhíde qù yí tàng de lǚyóu jǐngdiǎn ma?
푸진 여우 즈더 취 이 탕 더 뤼여우 징디엔 마?

☛ 약도를 좀 그려 주시겠어요?
能画张示意图吗？
Néng huà zhāng shìyìtú ma?
넝 화 장 쓰이투 마?

☛ 관광시간은 얼마나 소요되죠?
旅游需要多长时间？
Lǚyóu xūyaò duōcháng shíjiān?
뤼여우 쉬야오 뚜어창 스지엔?

☛ 입장료가 얼마죠?
门票多少钱？
Ménpiào duōshao qián?
먼퍄오 뚜어사오 치엔?

☛ 출구가 어느 쪽이죠?
出口在哪儿？
Chūkǒu zài nǎr?
추커우 짜이 나알?

공항에서 시내로

- 버스를 어디에서 타야하나요?
  在哪儿坐公交车？
  Zài nǎr zuò gōngjiāochē?
  짜이 나알 쭤 꿍쟈오처?

중국에서 버스는 다양하게 표현되고
있습니다. 원래는 公共汽车(꿍꿍치
처)라고 부르지만 너무 길어서 公交
车(꿍쟈오처) 혹은 더 줄여서 公车
(꿍처)라고도 합니다.

- 가까운 곳에 지하철역이 있나요?
  这附近有没有地铁站？
  Zhè fùjìn yǒu méi yǒu dìtiězhàn?
  쩌 푸진 여우 메이 여우 띠티에짠?

- 택시 승강장이 어디에 있나요?
  等出租车的地方在哪儿？
  Děng chūzūchē de dìfang zài nǎr?
  덩 추주처 더 띠팡 짜이 나알?

- 공항 셔틀버스를 어디에서 탈 수 있나요?
  民航班车在哪儿坐？
  Mínhángbānchē zài nǎr zuò?
  민항빤처 짜이 나알 쭤?

- 얼마나 자주 오나요?
  隔多少分钟来一趟？
  Gé duōshao fēnzhōng lái yítàng?
  거 뚜어사오 펀중 라이 이탕?

- 어디로 가시나요?
  你去哪儿？
  Nǐ qù nǎr?
  니 취 나알?

- 북경호텔로 갑니다.
  我去北京饭店。
  Wǒ qù Běijīng fàndiàn.
  워 취 베이징 판띠엔.

• 공항에서 꼭 필요한 단어 알아보기

① 机场 (지창) 공항터미널
② 机场职员 (지창 즈위엔) 공항직원
③ 服务台 (푸우타이) 체크인 카운터
④ 登机口 (떵지커우) 탑승구/게이트
⑤ 登机区 (떵지취) 탑승구역
⑥ 控制塔 (쿵즈타) 관제탑

⑦ 直升飞机 (즈성페이지) 헬리콥터

⑧ 飞机 (페이지) 비행기

⑨ 起飞 (치페이) 이륙

华
美丽华办公
Chapter 03

교통수단의 이용과 길 묻기

여행은 가보고 싶은 장소와 볼거리를 찾아 움직이는 이동의 연속입니다. 말이 통하지 않고 문화마저 생소한 외국에서 가이드 없이 이곳저곳 찾아다니려면 떠나기 전에 그 국가의 교통체계와 돌발 상황에 대처할 수 있는 회화표현을 숙지하는 것이 좋습니다. 중국은 국토가 넓고 교통체계가 매우 복잡하기 때문에 정보수집에 주의를 해야 합니다. 이번 Chapter에서는 대표적인 대중교통인 버스, 택시, 지하철, 기차에 관련된 표현과 길을 물을 때 사용하는 표현을 알아보도록 하겠습니다.

KEY Expressions

01 버스정류장이 어디 있어요?

公共汽车站在哪儿?

Gōnggòngqìchēzhàn zài nǎr?

꿍궁치처잔 짜이 나알?

택시 승강장 出租汽车站 chūzūqìchēzhàn 추주치처짠	지하철역 地铁站 dìtiězhàn 띠티에짠	기차역 火车站 huǒchēzhàn 훠처짠
매표소 售票处 shòupiàochù 서우퍄오추	승강장 月台 yuètái 위에타이	개표소 检票处 jiǎnpiàochù 지엔퍄오추

02 이 버스가 기차역을 지나가나요?

这个公共汽车经过火车站吗?

Zhège gōnggòngqìchē jīngguò huǒchēzhàn ma?

쩌거 꿍궁치저 징궈 훠처짠 마?

이화원 颐和园 Yíhéyuán 이허위엔	천안문 天安门 Tiān'ānmén 티엔안먼	왕부정 王府井 Wángfǔjǐng 왕푸징
동물원 动物院 dòngwùyuán 뚱우위엔	북경대학 北京大学 Běijīngdàxué 베이징 따쉬에	시청 市政府 shìzhèngfǔ 스쩡푸
한국대사관 韩国大使馆 Hánguódàshǐguǎn 한궈 따스관	역사박물관 历史博物馆 lìshǐbówùguǎn 리스 버우관	식물원 植物园 zhíwùyuán 즈우위엔

03 **공항**으로 가주세요.
去**机场**。
Qù *jīchǎng*
취 지창.

국빈호텔	수도영화관	고문화거리
国宾大酒店	首都电影院	古文化街
Guóbīn dàjiǔdiàn	Shǒudū diànyǐngyuàn	gǔwénhuàjiē
궈삔 따지우띠엔	서우뚜 띠엔잉위엔	구원화지에
외탄	남경로	신화서점
外滩	南京路	新华书店
Wàitān	Nánjīnglù	xīnhuáshūdiàn
와이탄	난징루	씬화수띠엔

04 버스로 가는 게 가능합니까?
能**坐公共汽车去**吗？
Néng zuò *gōnggòngqìchē* qù ma?
넝 쮀 꿍궁치처 취 마?

걸어서 가는 게	지하철로 가는 게	택시로 가는 게
走着去	坐地铁去	坐出租车去
zǒuzhe qù	zuò dìtiě qù	zuò chūzūchē qù
저우저 취	쮀 띠티에 취	쮀 추주처 취
여기 내리는 게	다음에 내리는 게	열차표 예약이
在这儿下车	下一站下车	订火车票
zài zhèr xiàchē	xià yí zhàn xiàchē	dìng huǒchēpiào
짜이 쩌얼 씨아처	씨아 이짠 씨아처	띵 훠처 퍄오

버스 이용하기

버스이용은 크게 두 가지로 나뉩니다. 도시 내에서 이동할 때는 시내버스를, 한 도시에서 다른 도시로 이동할 때는 우리나라의 고속버스에 해당하는 장거리 버스를 이용합니다. 중국에서는 어느 곳이나 버스로 여행할 수 있지만 가격이 저렴한 만큼 편안함을 기대하기는 어려우며 국토가 넓어 이동시간이 오래 걸리기 때문에 강한 체력과 많은 시간을 요구합니다.

生生회화

A : 상해로 가는 버스가 있나요?
有去上海的长途汽车吗?
Yǒu qù Shànghǎi de chángtúqìchē ma?
여우 취 상하이 더 창투 치처 마?

B : 네, 있어요. 오전 10시에 출발합니다.
有, 上午10点出发。
Yǒu, shàngwǔ shí diǎn chūfā.
여우, 쌍우 스 디엔 추파.

A : 요금이 얼마죠?
车费多少钱?
Chēfèi duōshao qián?
처페이 뚜어사오 치엔?

B : 185위엔입니다.
185元。
Yībǎi bāshíwǔ yuán.
이 바이 빠스우 위엔.

A : 버스를 어디서 타나요?
在哪儿坐公共汽车?
Zài nǎr zuò gōnggòngqìchē?
짜이 나알 쮜 꿍꿍치처?

B : 이 건물 바로 앞에서요.
就是这个楼的前面。
Jiùshì zhège lóu de qiánmiàn.
쪄우스 쩌거 러우 더 치엔미엔.

- 长途(창투) 장거리
- 前面(치엔미엔) 앞에

 **시내버스 이용하기**

- 버스정류장이 어디죠?
  公共汽车站在哪儿？
  Gōnggòngqìchēzhàn zài nǎr?
  꿍꿍치처짠 짜이 나알?

- 길 건너에 있습니다.
  马路对面就是。
  Mǎlù duìmiàn jiùshì.
  마루 뚜이미엔 쩌우스.

- 수도백화점에 가려면 어떤 버스를 타야하나요?
  到首都百货商店坐几路公共汽车？
  Dào Shǒudū bǎihuòshāngdiàn zuò jǐ lù gōnggòngqìchē?
  따오 서우뚜 바이훠 상띠엔 쭤 지 루 꿍꿍치처?

- 45번 버스를 타세요.
  坐45路公共汽车。
  Zuò sìshí wǔ lù gōnggòngqìchē.
  쭤 쓰스우루 꿍꿍치처.

- 어떤 버스가 기차역을 지나가나요?
  几路车经过火车站？
  Jǐ lù chē jīngguò huǒchēzhàn?
  지 루 처 징궈 훠처짠?

- 818번 버스를 어디서 타야합니까?
  818路车在哪儿坐？
  Bā yāo bā lù chē zài nǎr zuò?
  빠 야오 빠 루 처 짜이 나알 쭤?

- 이 버스가 북경서역으로 가나요?
  这个公共汽车去北京西站吗？
  Zhège gōnggòngqìchē qù Běijīng xīzhàn ma?
  쩌거 꿍꿍치처 취 베이징 시짠 마?

- 对面(뚜이미엔) 맞은편, 건너편

☛ 그 버스는 얼마나 자주 옵니까?
那公共汽车隔几分钟来一趟？
Nà gōnggòngqìchē gé jǐ fēnzhōng lái yí tàng?
나 꿍꿍치처 꺼 지 펀중 라이 이 탕?

☛ 어디서 버스표를 사나요?
在哪儿买票？
Zài nǎr mǎipiào?
짜이 나알 마이퍄오?

☛ 수상공원까지 가는 표 석 장 주세요.
来三张到水上公园的。
Lái sān zhāng dào shuǐshàng gōngyuán de.
라이 싼 장 따오 수이상 꿍위엔 더.

☛ 어른 한명에 4콰이입니다.
大人四块。
Dàrén sì kuài.
따런 쓰콰이.

- 어디서 내려야하나요?
  该在哪站下车？
  Gāi zài nǎ zhàn xiàchē?
  가이 짜이 나 짠 씨아처?

- 갈아타야 하나요?
  要换车吗？
  Yào huànchē ma?
  야오 환처 마?

- 화평문까지 몇 정거장 남았나요?
  到和平门还有几站？
  Dào Hépíngmén háiyǒu jǐ zhàn?
  따오 허핑먼 하이여우 지 짠?

- 여섯 정거장 남았어요.
  还有六站。
  Háiyǒu liù zhàn.
  하이여우 려우 짠.

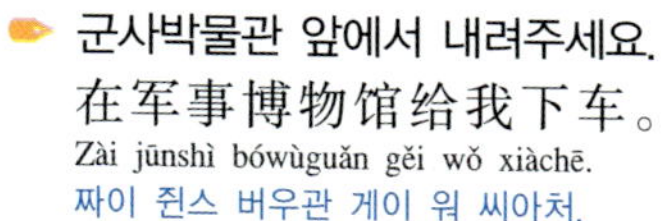

- 군사박물관 앞에서 내려주세요.
  在军事博物馆给我下车。
  Zài jūnshì bówùguǎn gěi wǒ xiàchē.
  짜이 쥔스 버우관 게이 워 씨아처.

- 버스를 잘못 탄 것 같아요.
  我好像坐错车了。
  Wǒ hǎoxiàng zuòcuò chē le.
  워 하오쌍 쭤춰 처 러.

- 好象(하오쌍) 마치 ~와 같다.

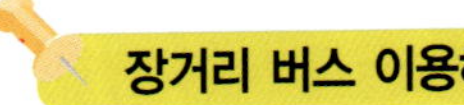

장거리 버스 이용하기

☛ 청도행 버스가 있나요?

有没有去青岛的汽车?

Yǒu méi yǒu qù Qīngdǎo de qìchē?

여우 메이 여우 취 칭다오 더 치처?

☛ 다음 버스는 몇 시죠?

下趟车是几点的?

Xià tàng chē shì jǐ diǎn de?

씨아 탕 처 스 지디엔 더?

☛ 어른 왕복승차권 한 장 주세요.

来一张大人的往返票。

Lái yì zhāng dàrén de wǎngfǎn piào.

라이 이 장 따렌 더 왕판 퍄오.

☛ 어디서 승차하나요?

在哪儿上车?

Zài nǎr shàngchē?

짜이 나알 쌍처?

☛ 지금 지나는 곳이 어디죠?

现在我们经过的是什么地方?

Xiànzài wǒmen jīngguò de shì shénme dìfang?

시엔짜이 워먼 징궈 더 스 선머띠팡?

장거리 버스여행은 무엇보다 그 나라의 생생한 참모습을 가까이에서 느낄 수 있다는 장점이 있습니다. 중국은 시골 도로가 아직까지 정비되어 있지 않은 곳이 많고 국토면적이 넓어 몇 날 며칠을 버스에서 보내야 하기 때문에 강한 체력과 인내심이 필요합니다.

- 往返票(왕판퍄오) 왕복
- 单程票(딴청퍄오) 편도

교통수단

• 중국의 시내버스 요금

현재 중국에는 일반버스와 전차, 소형버스가 있습니다. 버스의 요금은 거리와 버스종류에 따라 차이가 있습니다. 보통 버스의 기본요금은 1위엔(약 150원)이며, 일정거리를 초과해도 2위엔을 넘지  않습니다. 버스와 비슷한 교통수단으로 小公共汽车(샤오꿍꿍치처) 즉 미니버스가 있습니다. 승합차크기와 비슷하며 가격은 일반버스의 2배 입니다. 손님이 원하는 장소에 내려주는 장점이 있으므로 고객에게는 편리한 교통수단입니다.

• 중국장거리 버스 요금

중국 장거리 버스는 좌석버스와 침대버스로 나누어집니다. 좌석의 크기와 버스의 종류, 고속도로를 이용하느냐에 따라서도 가격이 달라집니다. 고속버스의 경우 1시간 ~3시간 주행은 기본입니  다. 가격은 보통 20위엔~30위엔이고, 며칠을 달리는 버스의 경우에는 100위엔~200위엔정도 입니다. 여행객들이 가장 저렴하게 중국을 여행 할 수 있는 교통수단이기도 합니다.

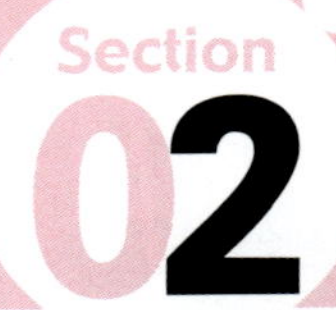

택시

중국의 택시는 버스나 지하철에 비해 가격이 비싸기 때문에 여행자에게 추천할 만한 교통수단은 아닙니다. 하지만 시간적인 여유가 없거나 지리에 익숙지 않아 대중교통을 이용할 수 없는 상황에 대비해 택시 이용에 관련된 다양한 표현들을 알아둘 필요가 있습니다.

生生회화

A : 공항으로 가주세요.
到机场。
Dào jīchǎng.
따오 지창.

B : 국제공항이요, 아니면 국내공항이요?
去国际机场，还是国内机场？
Qù guójìjīchǎng, háishì guónèijīchǎng?
취 궈찌지창，하이쓰 궈네이지창?

A : 국제공항이요. 얼마나 걸릴까요?
国际机场。要多长时间？
Guójìjīchǎng. yào duōcháng shíjiān?
궈찌지창. 야오 뚜어창 스지엔?

B : 글쎄요, 교통상황을 봐야겠죠.
这个⋯⋯，看交通情况吧。
Zhège⋯⋯, kàn jiāotōng qíngkuàng ba.
쩌거⋯⋯，칸 쟈오퉁 칭쾅 바.

A : 최대한 빨리 가주세요.
尽量快点去。
Jìnliàng kuài diǎn qù.
찐량 콰이 디엔 취.

B : 알겠습니다.
可以。
kěyǐ.
커이.

- 交通 (쟈오퉁) 교통
- 情况 (칭쾅) 상황
- 尽量 (찐량) 최대한

 **택시 부르기**

교통수단

➤ 택시를 한 대 불러 주시겠어요?
能帮我叫辆出租车吗？
Néng bāng wǒ jiào liàng chūzūchē ma?
넝 빵 워 쨔오 량 추주처 마?

➤ 어디로 가십니까?
请问，您去哪儿？
Qǐng wèn, nín qù nǎr?
칭 원, 닌 취 나알?

➤ 이 주소로 가려고 합니다.
我要去这儿。
Wǒ yào qù zhèr.
워 야오 취 쩌얼.

➤ 어제 기사님 차를 탄 사람인데 지금 여기로 오실 수 있나요?
我是昨天坐您车的，您现在能来这儿吗？
Wǒ shì zuótiān zuò nín chēde, nín xiànzài néng lái zhèr ma?
워 쓰 줘티엔 쮜 닌 처더, 닌 시엔짜이 넝 라이 쩌얼 마?

➤ 공항으로 급히 가야합니다.
我急着要去机场。
Wǒ jízhe yào qù jīchǎng.
워 지저 야오 취 지창.

☞ 택시를 어디서 탈 수 있습니까?
哪儿能截到出租车？
Nǎr néng jiédào chūzūchē?
나알 넝 지에따오 추주처?

☞ 트렁크 좀 열어주세요.
麻烦您打开一下后备箱。
Máfan nín dǎkāi yíxià hòubèixiāng.
마판 닌 다카이 이샤 허우뻬이샹.

☞ 트렁크에 짐 넣는 걸 도와주시겠어요?
您能帮我把行李放在后备箱里吗？
Nín néng bāng wǒ bǎ xíngli fàngzài hòubèixiāng li ma?
닌 넝 빵 워 바 싱리 팡짜이 허우뻬이샹 리 마?

☞ 타세요.
请上车。
Qǐng shàngchē.
칭 쌍처.

☞ 왕징으로 가주세요.
到望京。
Dào Wàngjīng.
따오 왕징.

☞ 국제공항으로 가주세요.
到国际机场。
Dào guójì jīchǎng.
따오 궈찌 지창.

☞ 고속도로로 가주세요.
请走高速公路。
Qǐng zǒu gāosùgōnglù.
칭 저우 까오쑤꿍루.

 **택시 안에서**

☛ 공항까지 얼마나 걸릴까요?
到机场需要多长时间?
Dào jīchǎng xūyào duōcháng shíjiān?
따오 지창 쉬야오 뚜어창 스지엔?

☛ 이 시간에는 한 30분쯤 걸릴 겁니다.
这时间大概需要半个小时。
Zhè shíjiān dàgài xūyào bànge xiǎoshí.
쩌 스지엔 따가이 쉬야요 빤거 샤오스.

☛ 지금은 러시아워라 길이 막힐 겁니다.
现在是高峰时间，可能堵车。
Xiànzài shì gāofēng shíjiān, kěnéng dǔchē.
시엔짜이 쓰 까오펑스지엔, 커넝 두처.

☛ 시간이 없는데 좀 더 빨리 갈 수 있을까요?
我赶时间，您能再快一点儿吗?
Wǒ gǎn shíjiān, nín néng zài kuài yìdiǎnr ma?
워 간 스지엔, 닌 넝 짜이 콰이 이디알 마?

☛ 기본요금이 얼마죠?
起价是多少钱？。
Qǐjià shì duōshao qián?
치쟈 쓰 뚜어사오 치엔.

☛ 여기서 천단까지 요금이 얼마입니까?
从这儿到天坛公园是多少钱？
Cóng zhèr dào Tiāntán gōngyuán shì duōshǎo qián?
충 쩌얼 따오 티엔탄 꿍위엔 스 뚜어사오 치엔?

☛ 가장 가까운 역까지 요금이 얼마죠?
到最近的地铁站是多少钱？
Dào zuìjìn de dìtiězhàn shì duōshao qián?
따오 쭈이찐 더 띠티에짠 스 뚜어사오 치엔?

☛ 가장 빠른 길로 가주세요.
请走最近的路。
Qǐng zǒu zuìjìn de lù.
칭 저우 쭈이찐 더 루.

☛ 무서워요. 천천히 가주세요.
我害怕，请慢点儿开。
Wǒ hàipà, qǐng màn diǎnr kāi.
워 하이파, 칭 만디알 카이.

☛ 여기서 내려주세요.
我在这儿下车。
wǒ zàizhèr xiàchē.
워 짜이쩌얼 씨아처.

요금계산

☞ 다 왔습니다.
到了。
Dào le.
따오 러.

☞ 얼마죠?
多少钱？
Duōshao qián?
뚜어사오 치엔?

☞ 여기서 기다려 주시겠어요?
在这儿等一下，好吗？
Zài zhèr děng yíxià, hǎoma?
짜이 쩌얼 덩이샤, 하오마?

☞ 잔돈 있으세요?
有零钱吗？
Yǒu língqián ma?
여우 링치엔 마?

☞ 잔돈이 없습니다.
我没有零钱。
Wǒ méiyǒu língqián.
워 메이여우 링치엔.

☞ 잔돈은 그냥 두세요.
不用找钱。
Bú yòng zhǎoqián.
부융 자오치엔.

☞ 트렁크에서 제 짐 꺼내는 걸 도와주시겠어요?
能帮我从后备箱里拿一下行李吗？
Néng bāngwǒ cóng hòubèixiāngli náyíxià xíngli ma?
넝 빵워 충 허우뻬이샹리 나이샤 싱리 마?

• 중국의 택시요금

중국의 택시는 보통 중국인들
이 가장 좋아하는 빨간색상입
니다. 기본요금은 지역마다 다
르며, 대개 6위엔~11위엔 입
니다. 가격이 비쌀수록 시설
이나 위생상태가 좋으며, 초

보여행객들이 이용하기에 편리하고 안전합니다. 단 주의해야할 점은
중국의 택시는 미터기를 불법으로 개조한 경우가 많고 외국인 관광
객들에게는 바가지요금을 씌우기 때문에 택시를 타기 전에 행선지와
가격을 미리 흥정하는 것이 좋습니다.

• 렌트카를 할 경우 필요한 서류

• 회사나 기관에서 렌트할 경우

1. 사업자등록증원본
2. 법인번호증원본
3. 법인신분증원본
4. 법인도장
5. 사업장소개서
6. 공인수속인 신분증
7. 운전자의 면허증
8. 렌트비와 보증금

• 외국인이 렌트할 경우

1. 거류증
2. 여권
3. 국제운전면허증
4. 렌트비와 보증금

지하철

지하철은 버스에 비해 전체적인 노선을 확인하기 쉽고 교통체증과 상관없이 원하는 곳으로 신속히 이동할 수 있다는 점에서 매우 편리한 교통수단이라 할 수 있습니다. 지하철은 중국에서는 地铁(띠티에) 혹은 地下铁(띠씨아티에)라고 하며 대만에서는 捷运(지에윈)이라고 합니다. 지하철을 이용하기 전에는 노선도와 환승역, 그리고 하차할 역을 확실히 체크해야 합니다.

교통수단

生生회화

A : 실례합니다. 이 근처에 택시 승강장이 있나요?
请问，这附近有等出租车的地方？
Qǐng wèn, zhè fùjìn yǒu děng chūzūchē de dìfang ma?
칭원, 쩌 푸진 여우 덩 추주처 더 띠팡 마?

B : 어디 가시는데요?
您去哪儿？
Nín qù nǎr?
닌 취 나알?

A : 북경도서빌딩에 가려고 하는데요.
去北京图书大厦。
Qù běijīng túshuū dàshà.
취 베이징 투수 따사.

B : 지하철을 타는 게 더 좋아요.
您最好坐地铁去。
Nín zuìhǎo zuò dìtiě qù.
닌 쭈이하오 쭤 띠티에 취.

地铁(띠티에) 지하철을 地下铁(띠씨아티에)라고도 합니다

A : 어느 역에서 내려야 하죠?
哪一站下？
Nǎ yí zhàn xià?
나 이 짠 씨아?

B : 서단역에서 내리면 됩니다.
西单站下。
Xīdānzhàn xià.
시단짠 씨아.

生生 상황 표현

지하철역 찾기와 탑승하기

☛ 가장 가까운 전철역이 어디인가요?
最近的地铁站在哪儿?
Zuìjìn de dìtiězhàn zài nǎr?
쭈이찐 더 띠티에짠 짜이 나알?

☛ 오도구역에 가려면 어떻게 가죠?
到五道口站怎么去?
Dào Wǔdàokǒuzhàn zěnme qù?
따오 우따오커우짠 전머 취?

☛ 지하철 노선도를 구할 수 있을까요?
地铁线路图哪儿有?
Dìtiě xiànlùtú nár yǒu?
띠티에 시엔루투 나알 여우?

☛ 표를 어디서 사나요?
车票在哪儿买?
Chēpiào zài nǎr mǎi?
처퍄오 짜이 나알 마이?

☛ 천안문에 가려면 몇 호선을 타야하나요?
去天安门坐几号地铁?
Qù Tiān'ānmén zuò jǐhào dìtiě?
취 티엔안먼 쭤 지하오 띠티에?

☛ 막차가 몇 시죠?
末班车是几点?
Mòbānchē shì jǐ diǎn?
머빤처 스 지 디엔?

지하철 안에서

➤ 이 역이 무슨 역이죠?
这站是什么站？
Zhè zhàn shì shénme zhàn?
쩌 짠 스 선머 짠?

➤ 다음이 무슨 역이죠?
下站是什么站？
Xià zhàn shì shénme zhàn?
씨아짠 스 선머 짠?

➤ 어느 역에서 내려야 하나요?
在哪站下车？
Zài nǎ zhàn xiàchē?
짜이 나 짠 씨아처?

➤ 경산공원에 가려면 이 역에서 내려야 하나요?
到景山公园在这站下车吗？
Dào Jǐngshān gōngyuán zài zhè zhàn xiàchē ma?
따오 징산 꿍위엔 짜이 쩌 짠 씨아처 마?

➤ 다음 역에서 내리세요.
下一站下车。
Xià yí zhàn xiàchē.
씨아 이 짠 씨아처.

➤ 동직문역까지 몇 정거장 남았죠?
到东直门站还有几站？
Dào Dōngzhíménzhàn hái yǒu jǐ zhàn?
따오 뚱즈먼짠 하이 여우 지 짠?

➤ 이 지하철의 종착역이 어디입니까?
这地铁的终点站是哪儿？
Zhè dìtiě de zhōngdiǎnzhàn shì nǎr?
쩌 띠티에 더 중디엔짠 스 나알?

☛ 전문역에 가려면 어디서 갈아타야 하나요?
到前门站在哪站换车？
Dào Qiánménzhàn zài nǎ zhàn huànchē?
따오 치엔먼짠 짜이 나 짠 환처?

☛ 건국문역에서 갈아타셔야 합니다.
在建国门站换车。
Zài jiànguóménzhàn huànchē.
짜이 찌엔궈먼짠 환처.

☛ 천안문으로 가려면 몇 번 출구로 나가야하나요?
到天安门，得从几号出口出去？
Dào Tiān'ānmén, děi cóng jǐ hào chūkǒu chūqù?
따오 티엔안먼 데이 충 지 하호 추커우 추취?

☛ 3번 출구로 나가세요.
三号出口走。
Sān hào chūkǒu zǒu.
싼 하오 추커우 저우.

[지식플러스]

• 중국의 지하철

중국의 지하철은 우리나라처럼 운행하는 노선이 많지 않으며, 지하철이 있는 도시는 북경, 상해, 천진입니다. 이용하는 방법은 우리나라와 거의 비슷해 현지에 익숙하지 않아도, 쉽게 이용할 수 있습니다.

• 북경지하철

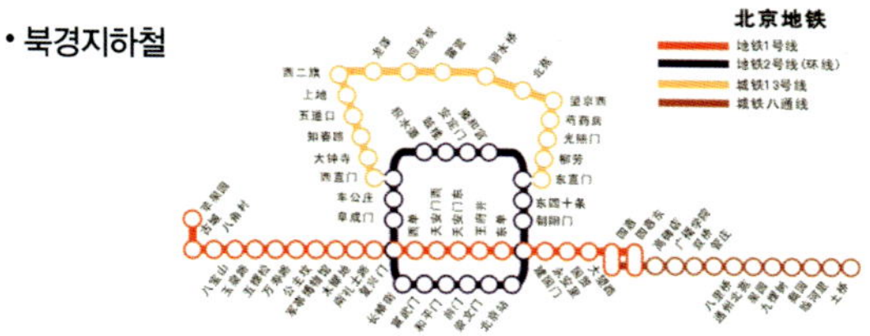

북경지하철은 1호선, 2호선, 13호선으로 세 개의 노선이 있으며, 13호선은 개통된 지 얼마 되지 않았습니다. 기본요금은 3위엔이며, 13호선을 갈아탈 경우에는 5위엔입니다. 1호선은 도시의 성곽을 따라 순환하므로 여행객들이 편리하게 이용할 수 있습니다.

• 상해지하철

상해에도 현재 1호선, 2호선, 3호선으로 3개의 지하철 노선이 있으며, 1호선과 2호선은 지하에서, 3호선은 지상에서 운행합니다. 상해 지하철 요금은 3위엔~7위엔이며, 택시요금이 비싸기 때문에 여행객들이 저렴하게 이용할 수 있는 교통수단입니다.

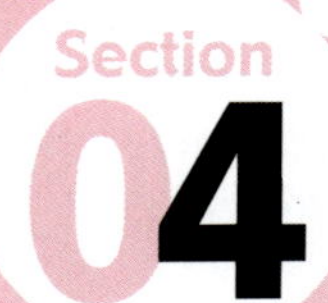

기차

중국은 국토가 매우 넓어 먼 거리를 이동할 때 주로 기차를 이용합니다. 중국의 기차는 시설과 소요시간에 따라 여러 가지 종류로 나뉘며 비교적 값도 저렴합니다.
그럼 지금부터 중국기차이용과 관련된 표현을 알아보겠습니다.

生生회화

A : 내일 오전에 계림으로 가는 기차표가 있나요?
有明天上午去桂林的火车票吗？
Yǒu míngtiān shàngwǔ qù Guìlín de huǒchēpiào ma?
여우 밍티엔 쌍우 취 꾸이린 더 훠처퍄오 마?

B : 오전 9시 반 것이 있어요. 침대표를 사실 건가요?
有上午九点半的，您要卧铺票吗？
Yǒu shàngwǔ jiǔ diǎn bàn de, nín yào wòpùpiào ma?
여우 쌍우 져우 디엔 빤 더, 닌 야오 워푸퍄오 마?

A : 고급 침대표 두 장 주세요.
请给我两张软卧票。
Qǐng gěi wǒ liǎng zhāng ruǎnwòpiào.
칭 게이 워 량 장 롼워퍄오.

B : 고급 침대표는 다 팔렸고 보통 침대표만 남았는데요.
软卧票都卖完了，只剩硬卧票了。
Ruǎnwòpiào dōu mài wán le, zhǐ shèng yìngwò piào le.
롼워퍄오 떠우 마이 완 러, 즈 썽 잉워퍄오 러.

A : 그것도 괜찮아요. 맨 아래 침대로 두 장 주세요. 얼마죠?
那也可以，来两张下铺的。多少钱？
Nà yě kěyǐ, lái liǎng zhāng xiàpù de. duōshao qián?
나 예 커이, 라이 량 장 씨아푸더. 뚜어사오 치엔?

B : 450위엔이에요.
450元。
Sì bǎi wǔ shí yuán.
쓰 바이 우 스 위엔.

기차표를 살 때

교통수단

☛ 내일 항주로 가는 표 예매할 수 있어요?
能定明天去杭州的火车票吗？
Néng dìng míngtiān qù Hángzhōu de huǒchēpiào ma?
넝 띵 밍티엔 취 항저우 더 훠처퍄오 마?

☛ 장춘에 가는 표를 예매하려고 합니다.
我想定去长春的火车票。
Wǒ xiǎng dìng qù Chángchūn de huǒchēpiào.
워 샹 띵 취 창춘 더 훠처퍄오.

☛ 특급열차는 얼마죠?
特快多少钱？
Tèkuài duōshǎo qián?
터 콰이 뚜어사오 치엔?

☛ 상해행 열차가 또 있나요?
还有去上海的车吗？
Hái yǒu qù Shànghǎi de chē ma?
하이 여우 취 상하이 더 처 마?

☛ 대련행 열차를 타려면 어느 승차장으로 가야하나요?
坐去大连的车，到哪个月台？
Zuò qù Dàlián de chē, dào nǎ ge yuètái?
쭤 취 따리엔 더 처, 따오 나 거 웨타이?

☛ 광주행 열차가 몇 시에 출발하나요?
去广州的列车几点发车？
Qù Guǎngzhōu de lièchē jǐ diǎn fāchē?
취 광쩌우 더 례처 지 디엔 파처?

기차를 탈 때

➤ 이 열차가 천진행 열차 맞나요?
这列车是不是去天津的？
Zhè lièchē shì bu shì qù Tiānjīn de?
쩌 례처 쓰 부 쓰 취 티엔진 더?

➤ 실례합니다. 여기 빈자리인가요?
请问，这座位有人坐吗？
Qǐng wèn, zhè zuòwèi yǒu rén zuò ma?
칭 원, 쩌 쭤웨이 여우 런 쭤 마?

➤ 자리를 좀 바꿔주실 수 있나요?
能不能换一下座位？
Néng bu néng huàn yíxià zuòwèi?
넝 뿌 넝 환이샤 쭤웨이?

➤ 식당은 몇 호 차에 있습니까?
餐厅在几号车厢？
Cāntīng zài jǐ hào chēxiāng?
찬팅 짜이 지 하오 처상?

➤ 지금 어디쯤이죠?
现在到哪儿了？
Xiànzài dào nǎr le?
시엔짜이 따오 나알 러?

➤ 열차가 얼마 동안 정차하나요?
车在这儿停几分钟？
Chē zài zhèr tíng jǐ fēnzhōng?
처 짜이 쩌얼 팅 지 펀중?

• 중국 기차의 종류

중국의 열차는 游车(여우처:여행자들을 위한 여행열차이며, 시설이 가장좋음), 特快(터콰이:외국여행자들이 가장 많이 이용하는 빠른 열차), 直快(즈콰이:두 개 이상의 철도국을 연결하는 급행열차), 快客(콰이커:한 철도로 달리는 급행열차), 直客(즈커:모든 역에서 정차하는 완행열차), 客(커:서민들이 많이 이용하는 가장 저렴한 완행열차)로 여섯 종류가 있으며, 直快(즈콰이)를 제외한 나머지 열차는 좌석에 따라 구분되는 완행열차입니다.

• 중국 기차 좌석의 종류

중국의 기차 좌석은 종류에 따라 4가지로 구분됩니다. 가격도 다양하며, 서비스도 다릅니다.

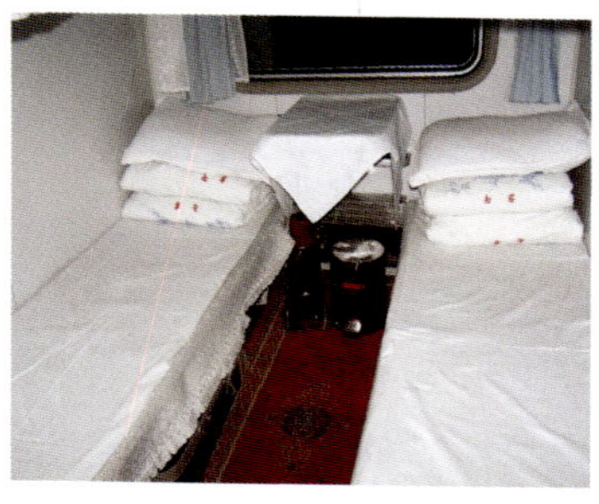

① 软卧 (롼워:푹신한 침대): 외국인이나, 상류층 중국인들이 가장 많이 이용합니다. 4명이 한 칸을 사용하며, 양쪽으로 2층 침대가 놓여있습니다.

② 硬卧 (잉워:딱딱한 침대): 양쪽에 상, 중, 하 3단으로 된 침대가 놓여있어 6명이 한 칸을 사용합니다.

③ 软座 (롼쮀:푹신한 좌석): 주로 단거리 운행열차에 있는 푹신한 좌석입니다.

④ 硬座 (잉쮀:딱딱한 좌석): 중국서민들이 많이 이용하는 얇은 시트가 깔려있는 가장 저렴한 좌석으로, 예약좌석이 없습니다.

길 묻기

해외에서 관광지나 박물관, 미술관 등을 찾아가려면 우선 그 곳까지 가는 길을 알아야겠죠? 여행안내책자나 지도만 보고 말도 통하지 않는 외국에서 길을 찾아가기란 여간 어려운 일이 아닙니다. 이번 Chapter에서는 모르는 길은 물어보고 아는 길을 가르쳐주는데 필요한 표현을 알아보겠습니다.

生生회화

A : 실례합니다. 길 좀 알려주시겠어요?
麻烦您，我能问一下路吗？
Máfan nín, wǒ néng wèn yíxià lù ma?
마판 닌, 워 넝 원이샤 루 마?

B : 어디로 가시는데요?
您去哪儿？
Nín qù nǎr?
닌 취 나알?

A : 북경전람관을 가려고 하는데요.
我想去北京展览馆。
Wǒ xiǎng qù Běijīng zhǎnlǎnguǎn.
워 샹취 베이징 잔란관.

B : 다음 교차로까지 직진해서 오른쪽으로 가세요.
一直往前走，到十字路口往右拐。
Yìzhí wǎng qián zǒu, dào shízìlùkǒu wǎng yòu guǎi.
이즈 왕 치엔 저우, 따오 스쯔루커우 왕 여우 과이.

A : 감사합니다.
谢谢。
Xièxie.
씨에시에.

길 묻기

☛ 길을 잃었어요.
我迷路了。
Wǒ mílù le.
워 미루 러.

☛ 이 지도에서 제가 있는 곳이 어디죠?
我在地图的哪儿？
Wǒ zài dìtú de nǎr?
워 짜이 띠투더 나알?

☛ 북해공원 가는 길 좀 가르쳐주시겠어요?
您能告诉我北海公园怎么走吗？
Nín néng gàosu wǒ Běihǎi gōngyuán zěnme zǒu ma?
닌 넝 까오쑤 워 베이하이 꿍위엔 전머 저우 마?

☛ 이미 지나왔어요.
已经走过头了。
Yǐjīng zǒu guò tóu le.
이징 저우 꿔 터우 러.

☛ 가장 가까운 지하철역이 어디 있습니까?
最近的地铁站在哪儿？
Zuìjìn de dìtiězhàn zài nǎr?
쭈이찐 더 띠티에짠 짜이 나알?

☛ 여기서 원명원까지 먼가요?
从这儿到圆明园远吗？
Cóng zhèr dào Yuánmíngyuán yuǎn ma?
충 쩌얼 따오 위엔밍위엔 웬 마?

☛ 약도를 좀 그려주시겠어요?
能画一下示意图吗？
Néng huà yíxià shìyìtú ma?
넝 화이샤 쓰이투 마?

☛ 이 근처에 백화점이 있나요?
这儿附近有百货店吗？
Zhèr fùjìn yǒu bǎihuò diàn ma?
쩌얼 푸진 여우 바이훠띠엔 마?

☛ 다음 신호등에서 오른쪽으로 가세요.
下一个红绿灯往右拐。
Xià yíge hónglǜdēng wǎng yòu guǎi.
씨아 이거 홍뤼덩 왕 여우 과이.

☛ 이 길을 따라가세요.
顺着这条路走。
Shùnzhe zhè tiáo lù zǒu.
쑨저 쩌 탸오 루 저우.

☛ 소방서 건너편에 있어요.
在消防站的对面。
Zài xiāofáng zhàn de duìmiàn.
짜이 샤오팡짠 더 뚜이미엔.

☛ 저는 이곳 사람이 아니에요.
我不是这里人。
Wǒ búshì zhèli rén.
워 부스 쩌리 런.

☛ 저도 이 근방의 지리를 잘 몰라요.
我不熟悉这儿。
Wǒ bú shúxi zhèr.
워 부 수시 쩌얼.

☛ 경찰에게 물어보는 게 좋겠네요.
你最好问警察。
Nǐ zuìhǎo wèn jǐngchá.
니 쮀이하오 원 징차.

• 红绿灯 (홍뤼덩) 신호등

[지식플러스]

• 방향표현

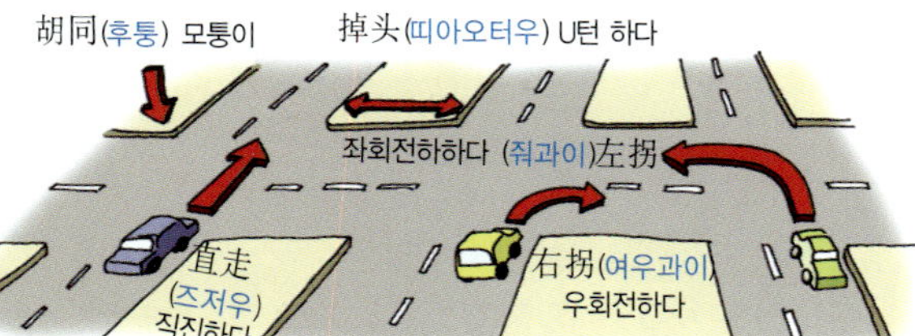

前面(치엔미엔) 앞
前边(치엔비엔) 앞쪽

后面(허우미엔) 뒤
后边(허우비엔) 뒤쪽

左(쮀) 좌
左边(쮀비엔) 왼쪽

右(여우) 우
右边(여우비엔) 오른쪽

• 중국의 교통문화

중국은 교통이 매우 혼잡합니다. 대도시를 제외하고 신호등이 설치된 곳이 많지 않으며, 교통신호를 지키지 않는 사람이 많아 교통사고 발생률이 매우 높은 수준입니다. 아침 출근 시간에는 자전거와 자동차, 사람들이 도로에 한데 어우러져 '신호등보다 차를 보고 다녀라'라는 말이 나올 정도로 무질서가 심각한 수준입니다. 난폭운전자도 많기 때문에 여행자들은 특히 주의해야 합니다.

Chapter 04

호텔에서

해외여행 중 관광지 다음으로 가장 많은 시간을 보내는 장소가 호텔입니다. 휴식을 취하면서 하루의 피로를 푸는 호텔, 주변경관과 시설, 그리고 서비스까지 훌륭하다면 매우 성공적인 여행이 되겠죠? 호텔은 여행에 있어 이처럼 중요한 부분인 만큼 이번 Chapter에서는 다양한 시설과 서비스를 최대한 효과적으로 이용할 수 있도록 여러 가지 상황에 필요한 표현을 알아보도록 하겠습니다.

KEY Expressions

01 1인실로 주세요.
要一个单人间。
Yào yíge dānrénjiān
야오 이거 딴런지엔.

2인실	1인실	일반실
双人间	单人间	标准间
shuāng rén jiān	dān rén jiān	biāo zhǔn jiān
쇼런지엔	딴런지엔	뱌오 준 지엔
특실	스위트룸	도미토리 객실
豪华间	豪华套间	多人房
háohuájiān	háohuátàojiān	duōrénfáng
하오화지엔	하오화타오지엔	뚜어렌팡

02 변기에 문제가 있는 것 같아요.
马桶出了问题。
Mǎ tǒng chū le wèn tí.
마퉁 추러 원티.

에어컨	냉장고	텔레비전
空调	电冰箱	电视
kōngtiáo	diànbīngxiāng	diànshì
쿵탸오	띠엔빙샹	띠엔스
창문	전화기	스탠드
窗户	电话	台灯
chuānghu	diànhuà	táidēng
촹후	띠엔화	타이덩

03 수건 좀 가져다주시겠어요? 제 방은 1304호입니다.

能送**个毛**巾吗？这儿是1304房间。

Néng sòngge máojīn ma? zhèr shì yāo sān líng sì fángjiān.

넝 쑹 거 마오진 마? 쩌얼스 야오 싼 링 쓰 팡지엔.

슬리퍼 拖鞋 tuōxié 퉈시에	아침식사 早餐 zǎocān 자오찬	맥주 세 병 三瓶啤酒 sān píng píjiǔ 싼 핑 피져우
헤어드라이어 吹风机 chuīfēngjī 추이펑지	베게 枕头 zhěntou 전터우	담요 毛毯 máotǎn 마오탄

04 화장실이 어디 있어요?

请问**洗手间**在哪儿？

Qǐng wèn xǐshǒujiān zài nǎr?

칭원 시서우지엔 짜이 나알?

식당 餐厅 cāntīng 찬팅	프런트 데스크 前台 qiántái 치엔타이	커피숍 咖啡厅 kāfēitīng 카페이팅	사우나 桑拿浴 sāngnáyù 쌍나위
헬스클럽 健身房 jiànshēnfáng 찌엔선팡	수영장 游泳池 yóuyǒngchí 여우융츠	기념품상점 纪念品商店 jìniànpǐnshāngdiàn 지니엔핀상띠엔	비즈니스센터 商务中心 shāngwùzhōngxīn 상우중신
미용실 美容美发店 měiróngměifàdiàn 메이룽메이파띠엔	매점 小卖部 xiǎomàibù 샤오마이뿌	바 酒吧 jiǔbā 지우빠	공중전화 公用电话 gōngyòngdiànhuà 꿍융띠엔화

Section 01

호텔 예약과 체크인

호텔예약은 여행출발 전 한국에서 하고 가는 것이 좋습니다. 의사소통이 원활하지 못한 낯선 장소에서 숙소를 찾아 헤매는 것도 번거로운 일일 뿐만 아니라, 미리 예약하면 할인 혜택을 받을 수도 있기 때문입니다. 호텔을 고를 때는 여행일정과 장소, 교통, 주변시설과 치안 등을 신중히 고려하고 안전을 위해 비교적 유명한 호텔을 선택하는 것이 좋습니다.

生生회화

A : 2인실 하나를 예약하고 싶은데요.
我想订一个双人间。
Wǒ xiǎng dìng yíge shuāngrénjiān.
워 샹 띵 이거 솽런지엔.

B : 며칠 동안 묵을 예정이십니까?
您打算住几天?
Nín dǎsuàn zhù jǐ tiān?
닌 다쏸 쭈 지 티엔?

A : 3일이요.
三天。
Sān tiān.
싼 티엔.

B : 숙박료는 하루에 300위엔입니다. 예약을 원하십니까?
房费一天300元。您要吗?
Fángfèi yì tiān sān bǎi yuán. nín yào ma?
팡페이 이 티엔 싼 바이 위엔. 닌 야오 마?

A : 그럼 그 방으로 하겠습니다.
就定那个吧。
Jiù dìng nèige ba.
쪄우 띵 네이지 바.

 호텔 예약하기

➤ 예약을 하고 싶은데요.
我想订房间。
Wǒ xiǎng dìng fángjiān.
워 샹 띵 팡지엔.

➤ 2인실을 예약하고 싶은데요.
我想订双人间。
Wǒ xiǎng shuāngrénjiān.
워 샹 띵 솽런지엔.

➤ 언제 도착하시나요?
您什么时候到?
Nín shénme shíhou dào?
닌 선머 스허우 따오?

➤ 1월 13일에 도착할 겁니다.
我1月13号到。
Wǒ yī yuè shí sān hào dào.
워 이 위에 스 싼 하오 따오.

➤ 며칠 묵을 예정인가요?
您打算住几天?
Nín dǎsuàn zhù jǐ tiān?
닌 다쏸 쭈 지 티엔?

➤ 1월 13일부터 15일까지 3일간 묵을 예정입니다.
我打算从1月13号住到15号。
Wǒ dǎsuàn cóng yī yuè shí sān hào zhù dào shí wǔ hào.
워 다쏸 충 이 위에 스 싼 하오 쭈 따오 스우 하오.

➤ 어떤 방을 원하십니까?
您要什么房间?
Nín yào shénme fángjiān?
닌 야오 선머 팡지엔?

호
텔

☛ 전망이 좋은 2인실로 부탁합니다.
我想住外景好的双人间。
Wǒ xiǎng zhù wàijǐng hǎo de shuāngrénjiān.
워 샹 쭈 와이징 하오 더 솽런지엔.

☛ 에어컨이 달린 1인실로 하겠습니다.
我要带空调的单人间。
Wǒ yào dài kōngtiáo de dānrénjiān.
워 야오 따이 쿵탸오 더 딴런지엔.

☛ 하룻밤 숙박료가 얼마죠?
住一天多少钱？
Zhù yì tiān duōshao qián?
쭈 이 티엔 뚜어사오 치엔?

☛ 더 싼 방이 있나요?
有没有更便宜的房间？
Yǒu méiyǒu gèng piányi de fángjiān?
여우 메이 여우 껑 피엔이 더 팡지엔?

☛ 아침식사도 포함됩니까?
包括早餐吗？
Bāokuò zǎocān ma?
빠오쿼 자오찬 마?

현지에서 숙소 찾기

☛ 방 있나요?
有房间吗?
Yǒu fángjiān ma?
여우 팡지엔 마?

☛ 예약하셨습니까?
您订房间了吗?
Níng dìng fángjiān le ma?
닌 띵 팡지엔 러 마?

☛ 예약을 하지 않았습니다.
我没有订房间。
Wǒ méiyǒu dìng fángjiān.
워 메이여우 띵 팡지엔.

☛ 몇 분이십니까?
几位?
Jǐ wèi?
지 웨이?

☛ 두 명입니다.
两位。
Liǎng wèi.
량 웨이.

☛ 1인실 한 개만이 남아있습니다.
只有一个单人房。
Zhǐyǒu yíge dānrénfáng.
즈여우 이거 딴런팡.

☛ 방을 볼 수 있을까요?
可以看一下房间吗?
Kěyǐ kàn yíxià fángjiān ma?
커이 칸이샤 팡지엔 마?

- 订(띵) 예약하다
- 看(칸) 보다

☛ 체크인해주세요.
我要住宿登记。
Wǒ yào zhùsù dēngjì.
워 야오 쭈쑤 덩찌.

☛ 이준하라는 이름으로 예약을 했습니다.
我以李俊夏的名字订了房间。
Wǒ yǐ Lǐ Jùnxià de mínzì dìng le fángjiān.
워 이 리 쮠샤 더 밍쯔 띵 러 팡지엔.

☛ 예약 확인서를 보여주시겠습니까?
能给我看一下您的订单吗？
Néng gěi wǒ kàn yíxià nín de dìngdān ma?
넝 게이 워 칸이샤 닌 더 띵단 마?

☛ 성함을 말씀해 주시겠습니까?
您贵姓？
Nín guì xìng?
닌 꾸이 씽?

☛ 숙박카드를 작성해주시겠습니까?
请您填写住宿登记卡。
Qǐng nín tiánxiě zhùsù dēngjìkǎ.
칭 닌 티엔시에 쭈쑤 떵지카.

☛ 어떻게 작성하는지 가르쳐 주시겠어요?
能不能告诉我怎么写？
Néng bu néng gàosu wǒ zěnme xiě?
넝 뿌 넝 까오쑤 워 전머 시에?

☛ 여기에 성함과 국적, 그리고 여권번호를 적으시면 됩니다.
在这儿填姓名、国籍、护照号码就可以了。
Zài zhèr tián xìngmíng, guójí, hùzhào hàomǎ jiùkéyǐle.
짜이 쩌얼 티엔 씽밍, 궈지, 후짜오하오마 쩌우커이러.

• 중국의 숙박시설

중국의 숙박시설은 饭店(판띠엔), 酒店(져우띠엔), 宾馆(삔관), 大厦(따사) 등의 호텔을 비롯하여 여관이나 모텔 수준의 旅馆(뤼관), 招待所(자오따이쉬) 등이 있습니다. 여행객들이 가장 많이 이용하는 饭店(판띠엔), 酒店(져우띠엔), 宾馆(삔관), 大厦(따사)의 등급은 ★로 표시되어 1성급~5성급으로 나뉩니다. 1성급과 2성급은 1인 1침대에 여러 명이 묵는 숙박시설이고, 3성급부터는 시설이나 서비스가 여행객들이 이용하기에 적합합니다.

• 중국의 숙박요금

호텔 숙박요금은 호텔등급에 따라 차이가 많습니다. 북경 등의 대도시의 경우에는 2인 1실 트윈룸을 기준으로 3성급 이상의 호텔은 대개 500위엔~700위엔 정도이며, 4성급 이상의 호텔은 보통 1000위엔~1200위엔 정도입니다. 1성급, 2성급 같은 도미토리는 20위엔~50위엔 정도면 묵을 수 있으나 샤워시설이나 화장실을 공동으로 사용하기 때문에 불편한 점이 많습니다.

호텔 서비스와 시설 이용하기

체크인이 끝나면 직원의 안내에 따라 객실로 이동합니다. 중국에는 아직 팁 문화가 정착되지 않았으므로 팁은 주지 않아도 무방합니다. 짐을 정리한 후 룸서비스가 필요하거나 시설물 사용법 등을 묻고 싶은 경우에는 프런트 데스크에 연락하면 됩니다.

生生회화

A : 안녕하세요. 객실부입니다. 무엇을 도와드릴까요?
你好! 客房部，有什么需要帮忙的吗？
Nǐ hǎo! Kèfángbù, yǒu shénme xūyào bāngmáng de ma?
니 하오! 커팡뿌, 여우 선머 쉬야오 빵망 더 마?

B : 목욕수건이 필요한데요, 하나 가져다주시겠어요?
我要浴巾，能送一个吗？
Wǒ yào yùjīn, néng sòng yíge ma?
워 야오 위진, 넝 쏭 이거 마?

A : 몇 호실이십니까?
是几号房间？
Shì jǐ hào fángjiān?
쓰 지 하오 팡지엔?

B : 805호실입니다.
805号。
Bā líng wǔ hào.
빠 링 우 하오.

A : 잠시 기다리세요.
请稍等。
Qǐng shāo děng.
칭 사오 덩.

룸서비스

● 짐을 방으로 옮겨주시겠습니까?
能帮我把行李搬到房间吗？
Néng bāng wǒ bǎ xíngli bāndào fángjiān ma?
넝 빵 워 바 싱리 빤따오 팡지엔 마?

● 프런트입니다. 무엇을 도와드릴까요？
前台，有什么需要帮忙的吗？
Qiántái, yǒu shénme xūyào bāngmáng de ma?
치엔타이，여우 선머 쉬야오 빵망 더 마?

● 룸서비스를 어떻게 부르죠?
怎么利用送餐服务？
Zěnme lìyòng sòngcān fúwù?
전머 리용 쑹찬 푸우?

● 한국으로 국제전화를 어떻게 거는지 알려주세요.
请告诉我怎么往韩国打国际长途。
Qǐng gàosu wǒ zěnme wǎng Hánguó dǎ guójì chángtú.
칭 까오쑤 워 전머 왕 한궈 다 궈지 창투.

● 703호실인데요, 커피 한 잔과 베이컨 좀 보내주세요.
703号房间，请给我送一杯咖啡和培根。
Qī líng sān hào fángjiān, qǐng gěi wǒ sòng yì bēi kāfēi hé péigēn.
치 링 싼 하오 팡지엔，칭 게이 워 쑹 이 뻬이 카페이 허 페이껀.

● 식당 예약을 좀 해주세요.
请给我预约一下餐厅。
Qǐng gěi wǒ yùyue yíxià cāntīng.
칭 게이 워 위웨 이샤 찬팅.

☛ 세탁 서비스가 가능한가요?
你们提供洗衣服务吗?
Nǐmen tígòng xǐyī fúwù ma?
니먼 티꿍 시이 푸우 마?

☛ 이 얼룩을 뺄 수 있을까요?
能除掉这污渍吗?
Néng chúdiào zhè wūzì ma?
넝 추댜오 쩌 우쯔 마?

☛ 언제 가져다주실 수 있나요?
什么时候可以送来?
Shénme shíhou kěyǐ sònglái?
선머 스허우 커이 쑹라이?

☛ 제 세탁물이 다 됐나요?
我的衣服洗好了吗?
Wǒ de yīfu xǐhǎo le ma?
워 더 이푸 시하오 러 마?

☛ 이건 제 게 아닌데요.
这不是我的。
Zhè bú shì wǒ de.
쩌 부 스 워 더.

☛ 하나가 없는데요.
没有一件衣服。
Méiyǒu yí jiàn yīfu.
메이여우 이 지엔 이푸.

- 送餐(쑹찬) 룸서비스
- 闹钟(나오쯍) 모닝콜
- 洗衣(시이) 세탁

☛ 805호실에 연락 온 것 있나요?
有805号的电话吗?
Yǒu bā líng wǔ hào de diànhuà ma?
여우 빠링우 하오 더 띠엔화 마?

☛ 귀중품을 맡길 수 있을까요?
给寄存贵重物品吗?
Gěi jì cún guìzhòng wùpǐn ma?
게 찌춘 꾸이쭝 우핀 마?

☛ 팁입니다.
这是小费。
Zhè shì xiǎofèi.
쩌 스 샤오페이.

☞ 호텔 안에 선물가게가 있나요?
酒店里有礼品店吗？
Jiǔdiàn li yǒu lǐpǐndiàn ma?
지우띠엔 리 여우 리핀띠엔 마?

☞ 포장을 해주세요.
请包装一下。
Qǐng bāozhuāng yíxià.
칭 빠오좡 이샤.

☞ 헬스클럽이 몇 시에 문을 열어요?
健身房几点开门？
Jiànshēnfáng jǐ diǎn kāimén?
찌엔선팡 지 디엔 카이먼?

☞ 여기 미용실이 있나요?
这儿有发廊吗？
Zhèr yǒu fàláng ma?
쩌얼 여우 파랑 마?

☞ 여기 한국어를 할 줄 아는 사람이 있나요?
这儿有会说韩国语的人吗？
Zhèr yǒu huì shuō Hànguóyǔ de rén ma?
쩌얼 여우 후이숴 한궈위 더 렌 마?

☞ 정문을 몇 시에 닫아요?
几点关大门？
Jǐ diǎn guān dàmén?
지 디엔 관 따먼?

☞ 방에 금고가 있습니까?
房间里有保险柜吗？
Fángjiān li yǒu bǎoxiǎnguì ma?
팡지엔 리 여우 바오시엔꾸이 마?

☛ 인터넷을 어디서 이용할 수 있어요?
在哪儿可以上网?
Zài nǎr kěyǐ shàngwǎng?
짜이 나알 커이 쌍왕?

☛ 팩스 있어요?
有传真吗?
Yǒu chuánzhēn ma?
여우 촨쩐 마?

☛ 이 편지를 항공우편으로 보내주세요.
请把这封信用空运。
Qǐng bǎ zhè fēng xìn yòng kōngyùn.
칭 바 쩌 펑 씬 융 쿵원.

☛ 이 소포를 한국으로 보내주세요.
请把这包裹寄到韩国。
Qǐng bǎ zhè bāoguǒ jìdào Hánguó.
칭 바 쩌 빠오궈 찌따오 한궈.

☛ 공항 셔틀버스가 자주 오나요?
机场迎送车常来吗?
Jīchǎng yíngsòngchē cháng lái ma?
지창 잉쏭처 창 라이 마?

- 礼品店(리핀띠엔) 선물가게
- 健身房(찌엔션팡) 헬스클럽
- 发廊(파랑) 미용실
- 理发店(리파띠엔) 이발소
- 按摩室(안머쓰) 안마실
- 大门(따먼) 대문, 정문
- 保险柜(바오시엔꾸이) 금고
- 上网(쌍왕) 인터넷
- 空运(쿵원) 항공우편
- 海运(하이윈) 선박우편

•중국호텔 이용 상식

중국의 호텔은 3성급을 기준으로 텔레비전, 침대, 찻잔세트, 쇼파, 욕실 등이 갖춰있으며, 호텔 급수는 지역에 따라 차이가 있습니다. 뜨거운 물은 호텔마다 정해진 시간에만 공급이 되며 간혹 물이 안 나올 때도 종종 있습니다. 식수는 생수를 사서 마시거나 객실에 비치된 커피포트로 차를 끓여 마시는 것이 좋습니다.

• 아침식사
대부분의 중급이상의 호텔에서는 정해진 시간에 아침식사를 무료로 제공합니다. 체크인 할 때 미리 아침식사 장소와 식사권을 확인하는 것이 좋습니다.

• 모닝콜서비스
3성급 이상의 호텔에서는 모닝콜서비스를 제공합니다. 사전에 호텔 프런트로 연락하여 안내원에게 부탁하면 됩니다.

• 항공권예매
대형 호텔 내에는 항공사사무소가 있습니다. 티켓과 관련된 모든 서비스를 제공해주어 여행객들이 편리하게 이용할 수 있습니다.

• 체크인과 체크아웃
체크인은 정오가 지나야 가능하며 외국인은 여권만 있으면 투숙 가능합니다. 체크인할 때에는 보증금(押金:야진)을 지불해야 하며, 체크아웃할 때 환불받습니다. 체크아웃은 오전 12시 이전에 하며, 시간을 초과했을 경우에는 반나절의 요금을 더 물어야 합니다.

Section 03

호텔에서 생길 수 있는 문제들

열쇠를 방안에 두고 문을 잠근다거나 물건을 도난당하는 일은 누구에게나 일어날 수 있습니다. 해외여행 중 이런 일이 발생하면 번거롭다고 그냥 넘어가지 말고 반드시 호텔 측에 알려 문제를 해결하도록 합시다.

生生회화

A : 무엇을 도와드릴까요?
有什么需要帮忙的吗？
Yǒu shénme xūyào bāngmáng de ma?
여우 선머 쉬야오 빵망 더 마?

B : 열쇠카드를 방에 두고 나왔어요.
我把房卡忘在房间里了。
Wǒ bǎ fángkǎ wàngzài fángjiān li le.
워 바 팡카 왕짜이 팡지엔 리러.

A : 몇 호실에 묵고 계시죠?
您住几号房间？
Nín zhù jǐ hào fángjiān?
닌 쭈 지 하오 팡지엔?

B : 1205호실에 묵고 있어요.
我住1205号房间。
Wǒ zhù yāo èr líng wǔ hào fángjiān.
워 쭈 야오 알 링 우 하오 팡지엔.

A : 같이 올라가 보시죠.
一起去吧。
Yìqǐ qù ba.
이치 취 바.

生生 상황 표현

방에 들어가지 못할 때

☞ 방문이 잠겼어요.
房门被锁了。
Fángmén bèi suǒ le.
팡먼 뻬이 숴 러.

☞ 카드열쇠를 방안에 두고 왔어요.
我把房卡忘在房间里了。
Wǒ bǎ fángkǎ wàngzài fángjiān li le.
워 바 팡카 왕짜이 팡지엔 리 러.

☞ 카드열쇠를 잃어버렸어요.
我把房卡弄丢了。
Wǒ bǎ fángkǎ nòng diū le.
워 바 팡카 눙 뎌우 러.

☞ 비상열쇠 있으세요?
你们有备用的钥匙吗?
Nǐmen yǒu bèiyòng de yàoshi ma?
니먼 여우 뻬이융 더 야오스 마?

☞ 방이 몇 호실인지 잊었어요.
我忘了房间号码。
Wǒ wàng le fángjiān hàomǎ.
워 왕 러 팡지엔 하오마.

방이 만족스럽지 못할 때

👉 방을 바꾸고 싶어요. 이 방은 너무 시끄러워요.
我想换房间。这个房间太吵了。
Wǒ xiǎng huàn fángjiān. zhège fángjiān tài chǎo le.
워 샹 환 팡지엔. 쩌거 팡지엔 타이 차오 러.

👉 천장에서 이상한 소리가 나요.
天花板上出怪声。
Tiānhuābǎn shàng chūguài shēng.
티엔화반 상 추 꽈이 성.

👉 위층에 묵는 사람들이 뛰어다니는 것 같아요.
楼上的人总是跑来跑去。
Lóu shàng de rén zǒng shì pǎo lái pǎo qù.
러우쌍더 렌 중쓰 파오라이 파오 취.

👉 다른 방을 주실 수 있으세요?
能不能给我换别的房间？
Néng bu néng gěi wǒ huàn bié de fángjiān?
넝 뿌 넝 게이 워 환 비에더 팡지엔?

👉 잠을 못 자겠어요.
不能睡觉。
Bù néng shuìjiào.
뿌 넝 쑤이쨔오.

👉 방이 너무 지저분해요.
房间太脏了。
Fángjiān tài zāng le.
팡지엔 타이 짱 러.

👉 전망이 좋은 방으로 옮기고 싶어요.
我想换前景好一点的房间。
Wǒ xiǎng huàn qiánjǐng hǎo yìdiǎn de fángjiān.
워 샹 환 치엔징 하오 이디엔 더 팡지엔.

호
텔

고장수리와 필요한 물건 요구하기

☞ 샤워기가 이상해요.
淋浴器出了问题。
Línyùqì chū le wèn tí.
린위치 추러 원티.

☞ 샤워기에서 물이 너무 약하게 나와요.
淋浴器的水出得太少。
Línyùqì de shuǐ chūde tài shǎo.
린위치 더 수이 추더 타이 사오.

☞ 더운물이 안 나와요.
不出热水。
Bù chū rèshuǐ.
뿌 추 러수이.

☞ 물이 뜨겁지가 않아요.
水不热。
Shuǐ bú rè.
수이 부 러.

☞ 욕조의 배수구를 막을 수가 없어요.
堵不住浴缸的排水口。
Dǔ búzhù yùgāngde páishuǐkǒu.
두 부쭈 위깡더 파이수이 커우.

☞ 수도꼭지가 고장이에요.
水龙头坏了。
Shuǐlóngtóu huài le.
수이룽터우 화이 러.

☞ 고치는데 얼마나 걸리나요?
修理要多长时间?
Xiūlǐ yáo duōcháng shíjiān?
씨우리 야오 뚜어창 스지엔?

☛ 텔레비전이 나오질 않아요.
电 视 打 不 开 。
Diànshì dǎbukāi.
띠엔스 다부카이.

☛ 에어컨이 고장났어요.
空 调 坏 了 。
Kōngtiáo huài le.
쿵탸오 화이 러.

☛ 와서 한번 봐주세요.
请 来 看 看 吧 。
Qǐng lái kànkan ba.
칭 라이 칸칸 바.

☛ 변기가 막혔어요.
马 桶 堵 了 。
Mǎtǒng dǔ le.
마퉁 두 러.

☛ 헤어드라이기가 작동하질 않아요.
吹 风 机 坏 了 。
Chuīfēngjī huài le.
추이펑지 화이 러

☛ 비누 좀 가져다주세요.
请 给 我 送 一 块 香 皂 。
Qǐng gěi wǒ sòng yíkuài xiāng zào.
칭 게이워 쑹 이콰이 샹짜오.

• 호텔의 객실과 욕실

• 객실

① 窗户 chuānghu (촹후) 창문
② 窗帘 chuānglián (촹리엔) 커튼
③ 床 chuáng (촹) 침대
④ 床单 chuángdān (촹딴) 침대 시트
⑤ 枕头 zhěntou (전터우) 베개
⑥ 地毯 dìtǎn (띠탄) 양탄자, 카펫
⑦ 桌子 zhuōzi (쥐즈) 탁자
⑧ 照明灯 zhàomíngdēng (짜오밍덩) 전등
⑨ 插座 chāzuò (차쮜) 콘센트
⑩ 衣柜 yīguì (이꾸이) 옷장
⑪ 橱柜 chúguì (추꾸이) 서랍장
⑫ 电话 diànhuà (띠엔화) 전화기
⑬ 镜子 jìngzi (찡즈) 거울
⑭ 垃圾筒 lājītǒng (라지퉁) 쓰레기통

• 욕실

① 浴缸 yùgāng (위깡) 욕조

② 橡胶垫 xiàngjiāodiàn (샹쟈오띠엔) 고무깔개

③ 排水口 páishuǐkǒu (파이수이커우) 배수구

④ 水龙头 shuǐlóngtóu (수이롱터우) 수도꼭지

⑤ 毛巾架 máojīnjià (마오진쟈) 수건걸이

⑥ 浴巾 yùjīn (위진) 목욕용 큰 수건

⑦ 卫生纸 wèishēngzhǐ (웨이성즈) 휴지

⑧ 洗脸槽 xǐliǎncáo (시리엔차오) 세면대

⑨ 香皂碟 xiàngzàodié (샹쟈오디에) 비누 접시

⑩ 垃圾筒 lājītǒng (라지퉁) 쓰레기통

체크아웃

체크아웃을 할 때는 객실료 이외에 각종서비스료, 전화 또는 시설 이용 요금을 정산하는 시간이 필요합니다. 기다리는 시간을 절약하려면 미리 프런트데스크에 전화를 걸어 체크아웃 시간을 알리고 미리 계산을 부탁 하도록 합시다. 객실에서 나갈 때는 자신의 소지품, 특히 여권과 항공권 을 잘 챙겼는지 다시 한 번 확인합니다.

生生회화

A : 11시 30분에 체크아웃하려고요.
我想11点半退房。
Wǒ xiǎng shí yī diǎn bàn tuìfáng.
워 샹 스이 디엔 빤 투이팡.

B : 몇 호실이시죠?
您是几号房间的?
Níng shì jǐ hào fángjiān de?
닌 쓰 지 하오 팡지엔 더?

A : 1207호입니다. 비자카드 취급하시죠?
我是1207号。可以用VISA卡吗?
Wǒ shì yāo èr líng qī hào. kěyǐ yòng VISA kǎ ma?
워 쓰 야오 알 링 치 하오. 커이 융 비자 카 마?

B : 네, 내려오실 때 방 열쇠를 가져오셔야 합니다.
可以，下来时要拿房卡。
Kěyǐ, xiàlái shí yào ná fángkǎ.
커이, 씨아라이 스 야오 나 팡카.

A : 알겠어요. 감사합니다.
好的，谢谢。
Hǎo de, xièxie.
하오 더, 씨에시에.

生生 상황 표현

체크아웃 준비

➤ 몇 시에 체크아웃을 해야 하나요?
我得几点退房?
Wǒ děi jǐ diǎn tuìfáng?
워 데이 지 디엔 투이팡?

➤ 로비로 제 짐을 옮겨주시겠어요?
能帮我把行李搬到大厅吗?
Néng bāng wǒ bǎ xíngli bāndào dàtīng ma?
넝 빵 워 바 싱리 빤다오 따팅 마?

➤ 짐이 네 개 있어요.
我有四个行李。
Wǒ yǒu sì ge xíngli.
워 여우 쓰 거 싱리.

➤ 방문 앞에 놓아주십시오.
请放在房间门口。
Qǐng Fàngzài fángjiān ménkǒu.
칭 팡짜이 팡지엔 먼커우.

➤ 하루 더 묵고 싶은데요.
我想多住一天。
Wǒ xiǎng duō zhù yì tiān.
워 샹 뚜어 쭈 이 티엔.

➤ 하루 일찍 나가고 싶은데요.
我要提前一天走。
Wǒ yáo tíqián yì tiān zǒu.
워 야오 티치엔 이 티엔 저우.

호
텔

☛ 지금 체크아웃하고 싶은데요.
我现在要退房。
Wǒ xiànzài yào tuìfáng.
워 시엔짜이 야오 투이팡.

☛ 11시 30분에 체크아웃하겠습니다.
我要11点半退房。
Wǒ yào shí yī diǎn bàn tuìfáng.
워 야오 스 이 띠엔 빤 투이팡.

☛ 계산서를 준비해주세요.
请准备结算。
Qǐng zhǔnbèi jiésuàn.
칭 준뻬이 지에쏸.

☛ 짐 내릴 사람을 한 명 보내주세요.
请派人来拿行李。
Qǐng pài rén lái ná xíngli.
칭 파이 렌 라이 나 싱리.

☛ 방에 뭘 두고 왔어요.
我把东西落在房间里了。
Wǒ bǎ dōngxi làzài fángjiān li le.
워 바 뚱시 라짜이 팡지엔 리 러.

계산하기

- 모두 얼마죠?
  一共多少钱？
  Yígòng duōshao qián?
  이꿍 뚜어사오 치엔?

- 미니바에 있는 맥주 한 캔을 마셨어요.
  我喝了迷你吧里的一厅啤酒。
  Wǒ hē le mínǐbā li de yìtīng píjiǔ.
  워 허 러 미니빠 리 더 이 팅 피져우.

- 모든 게 포함된 요금인가요?
  包括了所有的费用吗？
  Bāokuò le suǒyǒu de fèiyòng ma?
  빠오쿼 러 쉬여우 더 페이융 마?

- 계산에 실수가 있는 것 같은데요.
  好像算错了。
  Hǎoxiàng suàncuò le.
  하오샹 쏸춰 러.

- 요금이 내 생각보다 많아요.
  费用比我想的要多。
  Fèiyòng bǐ wǒ xiǎng de yàoduō.
  페이융 비 워 샹 더 야오 뚜어.

- 현금으로 하시겠어요, 아니면 카드로 하시겠어요?
  是用现金支付，还是刷卡支付？
  Shì yòng xiànjīn zhīfù, háishì shuākǎ zhīfù?
  쓰 융 씨엔진 즈푸 하이쓰 솨카 즈푸?

- 카드로 계산해도 되나요?
  可以刷卡吗？
  Kěyǐ shuākǎ ma?
  커이 솨카 마?

☞ 비자카드로 지불할게요.
我要用VISA卡支付。
Wǒ yào yòng VISA kǎ zhīfù.
워 야오 융 비자카 즈푸.

☞ 여행자수표도 취급하나요?
收旅行支票吗?
Shōu lǚxíng zhīpiào ma?
써우 뤼싱 즈퍄오 마?

☞ 맡긴 물품을 찾고 싶은데요.
我要取我存的东西。
Wǒ yào qǔ wǒ cún de dōngxi.
워 야오 취 워 춘 더 둥시.

☞ 5시까지 짐을 맡길 수 있을까요?
我能把行李存到五点吗?
Wǒ Néng bǎ xíngli cúndào wǔ diǎn ma?
워 넝 바 싱리 춘따오 우 디엔 마?

☞ 택시를 불러주시겠어요?
能给我叫辆出租车吗?
Néng gěi wǒ jiào liàng chūzūchē ma?
넝 게이 워 쨔오 량 추주처 마?

☞ 영수증 좀 주세요.
请给我发票。
Qǐng gěi wǒ fāpiào.
칭 게이 워 파퍄오.

• 호텔 Staff의 명칭

① 停车男仆 (팅처난푸) 대리주차
② 看门人 (칸먼렌) 도어맨
③ 领班 (링빤) 밸 캡틴
④ 前台 (치엔타이) 프런트 데스크
⑤ 前台职员 (치엔타이즈위엔) 데스크직원
⑥ 房间服务 (팡지엔푸우) 룸서비스
⑦ 电梯 (띠엔티) 승강기
⑧ 打扫工 (다사오꿍) 청소부

호
텔

Chapter
05

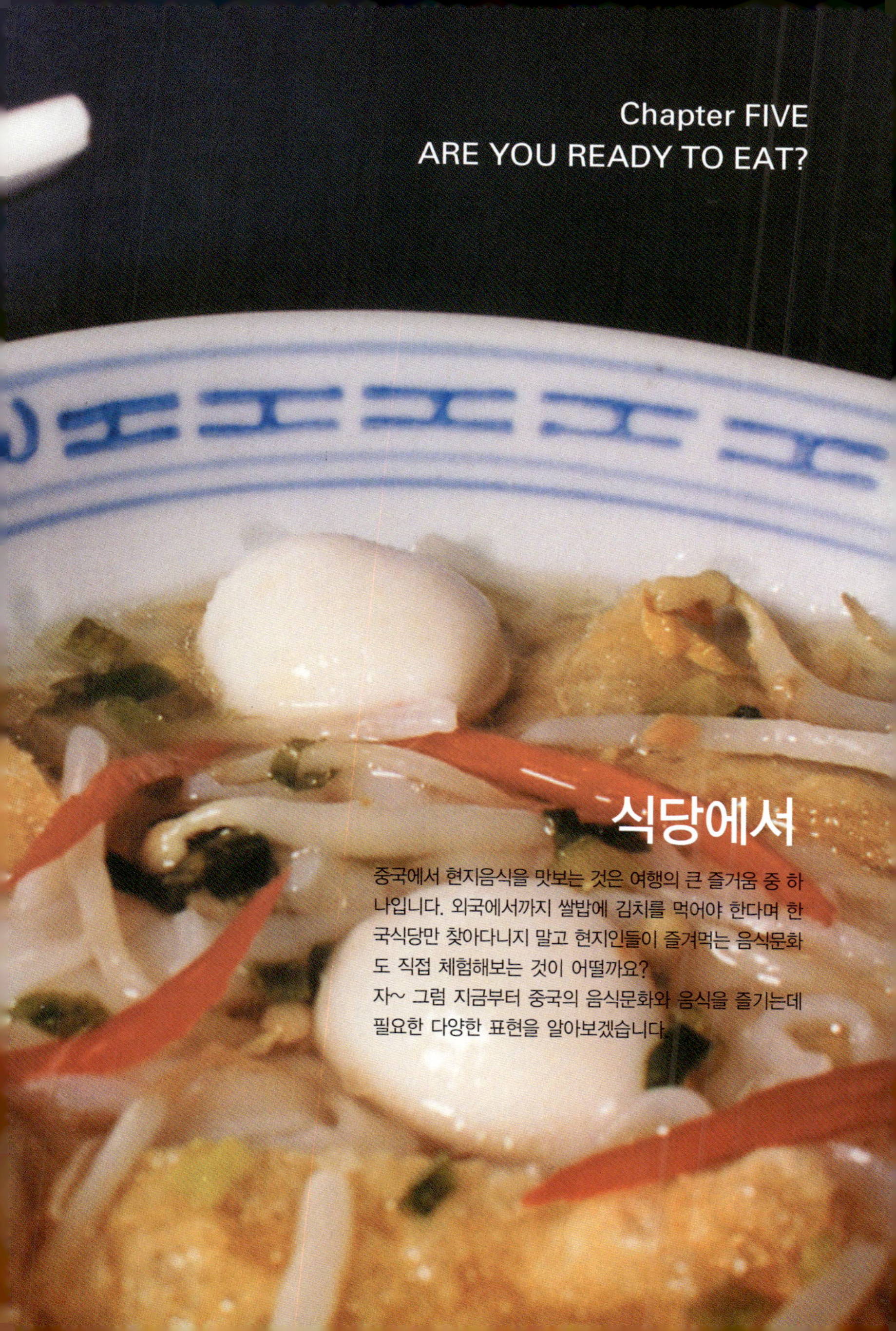

Chapter FIVE
ARE YOU READY TO EAT?

식당에서

중국에서 현지음식을 맛보는 것은 여행의 큰 즐거움 중 하나입니다. 외국에서까지 쌀밥에 김치를 먹어야 한다며 한국식당만 찾아다니지 말고 현지인들이 즐겨먹는 음식문화도 직접 체험해보는 것이 어떨까요?
자~ 그럼 지금부터 중국의 음식문화와 음식을 즐기는데 필요한 다양한 표현을 알아보겠습니다.

KEY Expressions

01 앉을 자리 있어요?
有座位吗?
Yǒu zuòwèi ma?
여우 쭤웨이 마?

한국 된장 韩国大酱 Hánguódàjiàng 한궈 따 쨩	한국어 메뉴 韩国语菜谱 Hánguóyǔcàipǔ 한궈위 차이푸	김치 泡菜 pàocài 파오 차이
고추장 辣椒酱 làjiāojiàng 라 쟈오쨩	한국어를 하는 직원 会韩国语的职员 huìHánguóyǔdezhíyuán 후이 한궈위더 즈웬	음료수 饮料 yǐnliào 인랴오
특색 요리 特色料理 tèsèliàolǐ 터써 랴오리	밥 饭 fàn 판	생수 矿泉水 kuàngquánshuǐ 콩 취엔 수이

02 술 한 병 주세요.
请给我一瓶酒。
Qǐng gěiwǒ yìpíngjiǔ.
칭 게이워 이핑져우.

메뉴판 菜谱 càipǔ 차이푸	커피 咖啡 kāfēi 카페이	콜라 可乐 kělè 커러	사이다 雪碧 xuěbì 쉐삐
백주 한 병 一瓶白酒 yìpíngbáijiǔ 이핑 바이져우	맥주 한 병 一瓶啤酒 yìpíngpíjiǔ 이핑 피져우	야자주스 耶子汁 yēzizhī 예즈쯔	사과주스 苹果汁 píngguǒzhī 핑궈쯔

03 젓가락 하나 주세요.
请给我一副筷子。
Qǐng gěiwǒ yífùkuàizi.
칭 게이워 이푸콰이즈.

그릇 碗 wǎn 완	컵 杯子 bēizi 뻬이즈	접시 碟子 diézi 디에즈	솥 锅 guō 꿔
소금 / 설탕 盐 / 白糖 yán / báitáng 옌 / 바이탕	후추 胡椒 hújiāo 후 쟈오	간장 酱油 jiàngyóu 쨩 여우	고추가루 辣椒面 làjiāomiàn 라 쟈오 미엔

04 맛있네요.
味道不错。
Wèidào búcuò.
웨이따오 부춰.

맛있다 好吃 hǎochī 하오츠	아주 맛있다 很好吃 hénhǎochī 헌 하오츠	맛없다 不好吃 bùhǎochī 뿌 하오츠	아주 맛없다 很不好吃 hěnbùhǎochī 헌뿌 하오츠
싱겁다 淡 dàn 딴	부드럽다 嫩 nèn 넌	짜다 咸 xián 시엔	달다 甜 tián 티엔
맵다 辣 là 라	쓰다 苦 kǔ 쿠	시다 酸 suān 쏸	떫다 麻 má 마

식당 이용하기

Section 01

중국여행중이라면 그 지역 특산물이나 한국에서 먹기 어려운 음식을 맛보는 것도 눈으로 보는 만큼이나 값진 여행의 추억이라고 할 수 있을 만큼 중국은 다양한 음식들이 많이 있습니다. 한 끼 정도는 제대로 된 중국음식점에서 식사해 보는 것이 어떨까요?

生生회화

A : 이 근처에 유명한 식당을 소개해 주시겠어요?
能给我介绍一下这附近最有名的饭店吗？
Néng gěiwǒ jièshàoyíxià zhèfùjìn zuì yǒumíngde fàndiàn ma?
넝 게이워 찌에사오이샤 쩌푸진 쭈이 여우밍더 판띠엔 마?

B : 어떤 식당을 찾으시는데요?
您找什么饭店？
Nín zhǎo shénme fàndiàn?
닌 자오 선머 판띠엔?

상대방에게 부탁할 때 '能……吗?'
(넝…마? : ~을 해주시겠어요?)를 사용합니다.

A : 유명 중국요리 전문점이요.
特色中国料理店。
Tèsè Zhōngguó liàolǐdiàn.
터써 중궈 랴오리띠엔.

B : 북경오리구이 전문점이 있어요.
有专门卖北京烤鸭的地方。
Yǒu zhuānmén mài Běijīngkǎoyāde dìfāng.
여우 좌안먼 마이 베이징카오야더 띠팡.

北京烤鸭(베이징 카오야) 오리구이를 뜻하며 중국 북경의 대표적인 요리 중 하나입니다.

A : 괜찮네요, 어떻게 가는지 알려주시겠어요?
不错，能告诉我怎么去吗？
Búcuò néng gàosu wǒ zěnme qùma?
뿌춰, 넝 까오쑤 워 전머 취마?

B : 물론이죠.
当然可以。
Dāng rán kě yǐ.
땅 란 커 이.

식당찾기

➤ 이 근처에 맛있는 식당이 있나요?
这附近有不错的饭店吗？
Zhè fùjìn yǒu búcuòde fàndiànma?
쩌푸찐 여우 부춰더 판띠엔마?

➤ 이 지역의 특산물을 먹고 싶은 데요.
我想吃一吃这地区的特产。
wǒ xiǎng chīyichī zhè dìqūde tèchǎn.
워샹 츠이츠 쩌띠취더 터찬.

➤ 가까운 곳에 사천요리 식당이 있나요?
附近有四川料理店吗？
Fùjìn yǒu Sìcuān liàolǐdiàn ma?
푸찐 여우 쓰촨 랴오리띠엔 마?

➤ 패스트 푸드 식당이 어디 있는지 아세요?
您知道速食店在哪儿吗？
Nín zhīdào sùshídiàn zài nǎrma?
닌 쯔따오 쑤스띠엔 짜이 나알 마?

➤ 한국식당이 어디에 있나요?
请问，哪儿有韩国料理店？
Qǐngwèn nǎryǒu Hánguó liàolǐdiàn?
칭원, 나알 여우 한궈랴오리띠엔?

- 日本 (르번) 일본
- 意大利 (이따리) 이탈리아
- 法国 (파궈) 프랑스
- 印度 (인두) 인도

식
당

☞ 여기서 예약할 수 있나요?
在这儿可以预约吗？
Zài zhèr kěyǐ yùyuē ma?
짜이 쩌얼 커이 위웨 마?

☞ 몇 분이십니까?
是几位？
Shì jǐwèi
쓰 지웨이?

☞ 성함과 전화번호를 말씀해 주세요.
请说一下您的性名和电话号码。
Qǐng shuōyíxìa nínde xìngmíng hé diànhuàhàomǎ.
칭 쉬이샤 닌더 씽밍 허 띠엔화하오마.

☞ 예약을 취소하고 싶은데요.
我想取削预约。
Wǒxiǎng qǔxiāo yùyuē.
워샹 취샤오 위웨.

☞ 예약시간을 변경하고 싶은데요.
我想改一下预约时间。
Wǒxiǎng gǎiyíxià yùyuē shíjiān.
워샹 가이이샤 위웨 스지엔.

☞ 죄송합니다. 잠시만 기다려 주세요.
请稍等，抱歉。
Qǐngshāoděng, bàoqiàn.
칭 싸오덩, 빠오치엔.

 **식당입구에서 테이블까지**

☛ 예약하셨습니까?
订座儿了吗？
Dìng zuòr le ma?
띵 쮀얼 러 마?

☛ 왕문이라는 이름으로 예약했습니다.
我用王文的名字订了座儿。
Wǒ yòng Wángwén de míngzi dìngle zuòr.
워 융 왕원 더 밍즈 띵러 쮀얼.

☛ 예약하지 않으셨습니다.
没有订座儿。
Méiyǒu dìngzuòr
메이여우 띵 쮀얼.

☛ 몇 분이시죠?
几位？
Jǐwèi?
지웨이?

☛ 4인용 테이블 부탁합니다.
我要四个人的座位。
Wǒ yào sìgerén de zuòwèi.
워 야오 쓰거렌더 쮀웨이.

☛ 기다리시겠습니까?
能稍等一下吗？
Néng shāoděng yíxià ma?
넝 사오덩 이샤 마?

☛ 얼마나 기다려야 하죠?
需要等多长时间？
Xūyào děng duōcháng shíjiān?
쉬야오 덩 뚜어창 스지엔?

• 중국의 대표적인 요리

중국요리는 크게 북경요리, 상해요리, 광동요리, 사천요리 4가지로 나뉩니다. 대표적인 음식으로는 북경의 北京烤鸭(베이징카오야-오리구이)와 상해의 红烧肉(홍사오러우-진간장에 조린 돼지고기), 광동의 点心(디엔씬-딤섬), 사천의 麻婆豆腐(마풔떠우푸-마파두부)가 있습니다. "南甜, 北咸, 东辣, 西酸"(난티엔 베이시엔 뚱라 시쏸-남쪽은 달고 북쪽은 짜며 동쪽은 맵고 서쪽은 시다)라는 말이 나올 정도로 각 지역마다 특색이 있는 요리가 발달되어 있습니다.

• 중국요리 주문 요령

중국인들은 짝수를 좋아하기 때문에 보통 전채(냉채) 2종류, 주 요리(탕, 볶음요리) 4종류, 후식(단맛이 강한 중국약식) 2종류를 주문합니다. 음료수로 나오는 차는 기름진 중국요리를 중화시키는 작용을 하며 다이어트 효과도 뛰어납니다.

주문하기

테이블로 안내를 받아 자리에 앉으면 별다른 절차 없이 메뉴를 보면서
주문할 음식을 생각하고 주문하면 됩니다.

生生회화

A : 주문하시겠습니까?
点菜吗？
Diǎn cài ma?
디엔 차이 마?

B : 조금만 시간을 주시겠어요?
能不能再等会儿。
Néngbunéng zài děnghuir.
넝부넝 짜이덩훨.

A : 물론입니다.
可以。
Kéyǐ.
커이.

B : 오렌지주스 한잔 주세요.
请给我一杯橙汁。
Qǐng gěiwǒ yìbēi chéngzhī.
칭 게이워 이뻬이 청즈.

A : 잠시만 기다려주세요.
请稍等。
Qǐng shāo děng.
칭 사오덩.

生生 상황 표현

음식 주문하기

- 메뉴 좀 주세요.
  请给我一下菜单。
  Qǐng gěi wǒ yíxià càidān.
  칭 게이 워 이샤 차이딴.

- 무슨 요리를 주문하시겠습니까?
  您要点什么？
  Nín yào diǎn shénme?
  닌 야오 디엔 선머?

- 한국어 차림표가 있습니까?
  有韩文菜单吗？
  Yǒu Hánwén càidān ma?
  여우 한원 차이딴 마?

- 바로 나올 수 있는 요리는 없나요?
  有没有马上就能上的菜？
  Yǒuméiyǒu mǎshàng jiùnéng shàngde cài?
  여우메이여우 마쌍 쪄우넝 쌍더 차이?

- 결정하셨습니까?
  决定了吗？
  Juédìng le ma?
  쮀딩 러 마?

- 이미 주문했습니다.
  已经点完了。
  Yǐjīng diǎnwánle.
  이징 디엔완러.

- 추천할 만한 게 있나요?
  有没有可以推荐的？
  Yǒu méi yǒu kěyǐ tuījiànde?
  여우 메이 여우 커이 투이지엔더?

☞ 이 식당에서 잘하는 요리가 뭐죠?
这饭店的拿手菜是什么？
Zhè fàndiàn de náshǒucài shì shénme?
쩌 판띠엔 더 나서우차이 쓰 선머

☞ 이것과 이걸로 주세요.
我要这个和这个。
Wǒ yào zhège hé zhège.
워 야오 쩌거 허 쩌거.

☞ 이 요리는 어떻게 먹나요?
这道菜怎么个吃法？
Zhè dào cài zěnmege chīfǎ?
쩌 따오 차이 전머거 츠파?

☞ 저것과 같은 걸로 하겠어요.
我想要跟那个一样的。
Wǒ xiǎngyào gēn nèige yíyàngde.
워 샹야오 껀 네이거 이양더.

메뉴를 보고 음식을 고르는 게 어렵
다면 다른 테이블의 음식 중 맛있어
보이는 음식을 손으로 가리키며 말
하는 것도 한 방법입니다.

☞ 이건 맛이 어떻죠?
这味道怎么样？
Zhè wèidao zěnmeyàng?
따쩌 웨이다오 전머양?

☞ 이건 어떻게 요리되어 나오나요?
这道菜是怎么做的？
Zhè dào cài shì zěnme zuò de?
쩌 다오 차이 쓰 전머 쭤 더?

무치다 拌 (빤) / 볶다 炒 (차오) / 튀
기다 炸 (쟈) / 찌다 蒸 (쩡) / 굽다 烤
(카오) / 삶다 煮 (주)

☞ 이것의 재료가 뭐죠?
这是什么做的？
Zhèshì shénme zuòde?
쩌스 선머 쭤더?

☞ 요리를 너무 맵게 하지 말아 주세요.
别把菜弄的太辣了。
Biébǎ cài nòngde tài làle.
비에바 차이 눙더 타이 라러.

• 这个 (쩌거) 이것
• 那个 (나거, 네이거) 저것, 그것

☞ 저는 고기 알레르기가 있어요.
我对肉过敏。
Wǒduì ròu guòmǐn.
워 뚜이 러우 꿔민.

☞ 더 필요한것 있으십니까?
还需要点儿什么?
Hái xūyàodiǎnr shénme?
하이 쉬야오디알 선머?

☞ 재떨이 있어요?
有烟灰缸吗?
Yǒu yānhuīgāng ma?
여우 옌후이강 마?

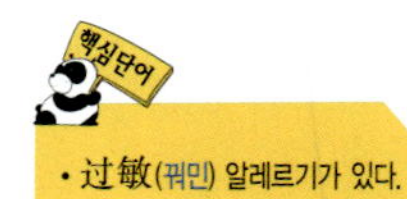

· 过敏(꿔민) 알레르기가 있다.

- 뭐 마실 것 좀 드릴까요?
  您喝点什么?
  Nín hēdiǎn shénme?
  닌 허디엔 선머?

- 생맥주와 병맥주 중 어느 걸 원하세요?
  要扎啤还是瓶啤?
  Yào zhāpí háishì píngpí?
  야오 짜피 하이쓰 핑피?

- 제가 한 잔 살게요.
  我请你喝一杯。
  Wǒ qǐngnǐ hē yìbēi.
  워 칭니 허 이베이.

- 무슨 술이 있나요?
  有什么酒?
  Yǒu shénme jiǔ?
  여우 선머 져우?

- 백주 두 병 주세요.
  给两瓶白酒吧。
  Gěi liǎngpíng báijiǔ ba.
  게이 량핑 바이져우 바.

위스키 威士忌 (웨이쓰지) / 칵테일
鸡尾酒 (지웨이져우) / 고량주 高粮
酒 (까오량져우) / 마오타이 茅台酒
(마오타이져우)

- 여기 모두 무슨 음료가 있나요?
  这儿都有什么饮料?
  Zhèr dōu yǒu shénme yǐnliào?
  쩌얼 떠우 여우 선머 인랴오?

- 우린 술 대신 사이다로 건배!
  以汽水代酒, 我们干杯!
  Yǐ qìshuǐ dài jiǔ, wǒmen gānbēi!
  이 치수이 따이져우, 워먼 깐뻬이!

- 白酒 (바이져우) 백주
- 干杯 (깐베이) 건배!

식
당

☛ 저는 술을 못 마십니다.
我不会喝酒。
Wǒ búhuì hējiǔ.
워 부후이 허져우.

☛ 제가 한잔 올릴께요.
我敬你一杯。
Wǒ jìng nǐ yìbēi.
워 찡니 이뻬이.

☛ 차 한잔 따라주세요.
沏杯茶给我。
Qī bēi chá gěi wǒ.
치베이 차 게이 워.

☛ 이건 무료로 드리는 겁니다.
这是免费的。
Zhèshì miǎnfèi de.
쩌스 미엔페이 더.

• 여러 가지 음식의 명칭

• Breakfast (아침식사)

① 点心(디엔씬): 가볍게 먹을 수 있는 만두의 일종
② 馒头(만터우): 중국 북쪽지방에서 먹는 주식으로 속이 없는 진빵
③ 包子(빠오즈): 찐빵의 종류인데 고기 속이 들어있으며 크기와 종류가 다양함
④ 油条(여우탸오): 기름에 튀긴 긴 빵
⑤ 豆浆(떠우쨩): 달콤한 콩 국물
⑥ 粥(쩌우): 죽

• Lunch (점심식사)

① 炸酱面(짜쨩멘): 자장면
② 牛肉面(녀우러우미엔): 소고기면
③ 炒饭(차오판): 볶음밥
④ 米饭(미판): 쌀밥
⑤ 汤(탕): 국
⑥ 饺子(쟈오즈): 물만두

• Dinner (저녁식사)

① 糖醋肉(탕추러우): 탕수육
② 烤牛肉(카오녀우러우): 쇠고기 구이
③ 烤牛排(카오녀우파이): 불갈비
④ 冷菜(렁차이): 냉채(야채무침)
⑤ 火锅(휘꿔): 샤브샤브
⑥ 青椒炒肉丝(칭쟈오 차오러우쓰): 고추 쇠고기 볶음
⑦ 炒韭菜(차오져우차이): 부추볶음
⑧ 炒土豆丝(차오투떠우쓰): 감자볶음
⑨ 木须柿子(무쉬쓰즈): 토마토 계란볶음
⑩ 鱼香肉丝(위샹러우쓰): 빨간고추 돼지고기 야채볶음
⑪ 鸡蛋汤(지단탕): 계란국
⑫ 三鲜汤(싼시엔탕): 야채국
⑬ 木须柿子汤(무쉬쓰즈탕): 토마토 계란탕

• Tea (차)

① 龙井茶(룽징차): 초봄의 어린 싹을 사용하여 만든 차
② 碧螺春(삐뤄춘): 가늘고 어린잎으로 만든 녹차의 한 종류
③ 白牡丹(바이무딴): 찌거나 발효시키지 않고, 자연 그대로의 찻잎을 건조시켜 만든 차
④ 君山银针(쥔싼인쩐): 가늘고 어린 잎을 사용하여 만든 차
⑤ 乌龙茶(우룽차): 반 발효차 중 중발효차(50~60%)이며 잎의 가운데는 푸른색을 띠고 가장자리는 붉은 색을 띰
⑥ 红茶(홍차): 발효차(85%이상)이며 진한 붉은 색을 띰
⑦ 普耳茶(푸얼차): 보이산차를 원료로 하여 쪄서 눌러 만든 차
⑧ 茉莉花茶(머리화차): 쟈스민차
⑨ 绿茶(뤼차): 찻잎을 채취하자마자 바로 증기로 쪄서 만든 비발효 차

식사와 계산하기

식사 중 주위 사람들의 눈살을 찌푸리게 하지 않으려면 여행을 가기 전에 중국의 기본적인 식사예절을 숙지하는 것이 좋습니다.

生生회화

A : 마파두부 맛이 어때요?
麻婆豆腐味道怎么样?
Mápódòufu wèidao zěnmeyàng?
마뭐떠우푸 웨이다오 전머양?

B : 정말 맛있어요.
很好吃。
Hén hǎo chī.
헌 하오 츠.

A : 좀 더 드실래요?
想再来点儿吗?
Xiǎng zài láidiǎnr ma?
샹 짜이 라이디알 마?

B : 아니요, 너무 배가 불러요.
不了，我很饱。
Bùle, wǒ hěn bǎo.
뿌러, 워 헌 바오.

A : 그럼 차 드세요.
那您喝点茶吧。
Nà nín hēdiǎn chá ba.
나 닌 허디엔 차 바.

우리도 배가 많이 고프면 '배고파 죽겠다' 라는 표현을 하듯이 중국에서도 '饿死了(어스러) : 배고파 죽겠어' 라고 말합니다.

- 饱(바오) 배부르다
- 饿(어) 배고프다

 필요한 것 부탁하기

👉 주문한 게 아직 안 나왔어요.
点的菜还没出来。
Diǎn de cài hái méi chūlái.
디엔 더 차이 하이 메이 추라이.

👉 이건 제가 주문한 게 아닌데요.
这不是我点的。
Zhè búshì wǒ diǎnde.
쩌 부쓰 워 디엔더.

👉 물 좀 더 주세요.
请再给点儿茶水。
Qǐng zàigěi diǎnr cháshuǐ.
칭 짜이게이 디알 차수이.

👉 이거 다시 데워주세요.
这个菜凉了，请再热一下。
Zhège cài liángle, qǐng zài rè yíxià.
쩌거 차이 량러, 칭짜이 러이샤.

 음식 맛 표현하기

👉 맛이 어때요?
味道如何？
Wèidao rúhé?
웨이다오 루허?

👉 입맛에 맞으세요?
合您的味口吗？
Hé nínde wèikǒu ma?
허 닌더 웨이커우 마?

☞ 맛있네요.
味道不错。
Wèidao búcuò.
웨이다오 부춰.

☞ 맛이 환상적이네요.
味道非常好。
Wèidao fēicháng hǎo.
웨이다오 페이창 하오.

☞ 맛이 색다르네요.
味道很有特色。
Wèidao hěnyǒu tèsè.
웨이다오 헌 여우 터써.

☞ 맛이 이상해요.
味道有点怪。
Wèidao yǒu diǎn guài.
웨이따오 여우 디엔 꽈이.

☞ 느끼해요.
很腻。
Hěnnì.
헌니.

☞ 뭔가 빠진 것 같아요.
好像缺点什么。
Hǎoxiàng quēdiǎn shénme.
하오썅 췌디엔 선머.

☞ 이것 좀 치워주시겠어요?
麻烦您收拾一下。
Máfànnín gěi shōushi yíxià.
마판닌 써우스 이샤.

☞ 향채를 넣지 말아 때세요.
别放香菜。
Bié fàng xiāngcài.
비에 팡 샹차이.

 **계산하기 전에**

☞ 제가 낼게요.
我请吧。
Wǒ qǐngba.
워 칭바.

☞ 다음에는 제가 살게요.
下次我请。
Xiàcì wǒ qǐng.
씨아츠 워칭.

☞ 너무 사양하시네요.
太客气了。
Tài kèqi le.
타이 커치 러.

☞ 사양하지 마십시오.
别客气。
Bié kèqi.
비에 커치.

 **계산하기**

☞ 계산서 부탁합니다.
麻烦您拿一下帐单。
Máfannín ná yíxià zhàngdān.
마판닌 나이샤 짱단.

☞ 총 합계가 얼마죠?
一共多少钱？
Yígòng duōshǎo qián?
이꿍 뚜어사오 치엔?

☛ 여기서 계산하나요?
在这儿结帐吗？
Zài zhèr jiézhàng ma?
짜이 쩌얼 지에짱 마?

☛ 우리는 더치페이인데요.
我们各付各的。
Wǒmén gèfù gède.
워먼 꺼푸 꺼더.

☛ 맛있게 먹었어요.
吃的很好。
Chīde hěnhǎo.
츠더 헌하오.

☛ 여기에 사인에 주세요.
请在这儿签名。
Qǐng zài zhèr qiānmíng.
칭짜이 쩌얼 치엔밍.

☛ 이건 무슨 비용이죠?
这是什么费用？
Zhèshì shénme fèiyòng?
쩌스 선머 페이융?

☛ 계산서에 오류가 있는 것 같아요.
帐好像算错了。
Zhàng hǎoxiàng suàn cuò le.
짱 하오쌍 쏸 춰 러.

☛ 한 번 더 확인해 주시겠어요?
请再确认一下。
Qǐng zài quèrèn yíxià.
칭짜이 췌렌 이샤.

☛ 영수증 주세요.
请开张发票。
Qǐng kāizhāng fāpiào.
칭 카이장 파퍄오.

• 签名(치엔밍) 사인하다

• 식당에서 볼 수 있는 것들

① 菜谱(차이푸): 메뉴
② 服务员(푸우웬): 종업원
③ 客人(커런): 손님
④ 厨房(추팡): 주방
⑤ 厨房长(추팡장): 주방장
⑥ 水杯(수이뻬이): 물컵
⑦ 酒杯(져우뻬이): 술잔
⑧ 餐巾纸(찬진즈): 냅킨
⑨ 筷子(콰이즈): 젓가락
⑩ 勺子(사오즈): 숟가락
⑪ 碟子(디에즈): 접시
⑫ 碗(완): 공기
⑬ 盘子(판즈): 쟁반

• 중국인의 식사예절

중국인은 우리가 말하는 의식주(衣食住)를 식의주(食衣住)라고 할 만큼 식사와 식사예절을 매우 중시합니다. 식사 분위기는 비교적 자유분방하며, 정성을 다해 손님을 접대합니다.

① 식탁은 원형(화목과 단결을 상징)이며, 음식을 놓는 부분이 빙글빙글 도는 원판(圓板)으로 된 테이블을 사용합니다.

② 자리에 앉을 때는 손님이 안쪽에 앉고 주인이 입구에 앉으며, 때로는 주인과 손님이 옆에 나란히 앉는 경우도 있습니다. 나머지 사람들은 안쪽부터 차례로 앉습니다.

③ 요리가 나오면 손님이 먼저 맛을 보도록 손님 앞에 놓습니다. 특히 생선요리는 생선머리가 손님 중 가장 신분이 높은 손님에게 향하도록 놓아야 합니다.

④ 요리는 원판을 돌려가며 자유롭게 조금씩 덜어서 먹습니다.

⑤ 요리접시를 완전히 비워서 먹는 것은 오히려 실례이므로 음식은 조금씩 남깁니다. 우리와 달리 접시를 완전히 비우면 음식이 모자라는 것으로 간주되어 실례가 될 수 있습니다.

⑥ 차나 술도 손님부터 시작하여 따라 마시며, 항상 손님 위주로 음식을 배려합니다.

패스트푸드점

패스트푸드점에서는 일반 레스토랑보다 저렴하고 빠른 시간 안에 식사를 해결할 수 있기 때문에 특히 여행객들에게 권할만합니다. 대부분 메뉴마다 사진과 번호가 있기 때문에 주문이 어렵지 않으며, 그 자리에서 먹을 경우에는 '我在这儿吃(워짜이쩌얼츠)',라고 말하고 포장을 원할 경우에는 '我要带走(워야오따이저우)'라고 말합니다.

生生회화

A : 주문하시겠어요?
许要帮忙吗?
Xūyào bāngmáng ma?
쉬야오 빵망 마?

B : 14번 셋트 메뉴로 주세요.
我要14号套餐。
Wǒyào shísì hào tàocān.
워 야오 스쓰 하오 타오찬.

A : 음료는 콜라와 사이다 중 무엇으로 하시겠어요?
您喝可乐还是雪碧?
Nín hē kělè háishì xuěbì?
닌 허 커러 하이쓰 쉐삐?

B : 콜라주세요. 콜라 리필 되나요?
我要可乐。可乐可以续杯吗?
Wǒ yào kělè. Kělè kěyǐ xùbēi ma?
워 야오 커러. 커러 커이 쒸뻬이 마?

A : 네, 됩니다.
可以。
Kěyǐ.
커이.

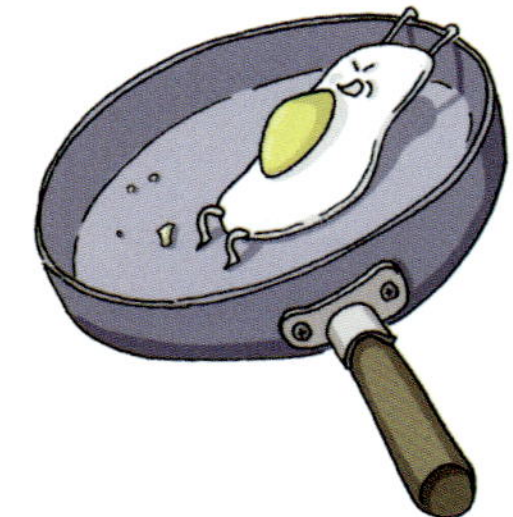

식
당

패스트푸드점에서

☞ 뭘 드시겠어요?
您要什么？
Nín yào shénme?
닌 야오 선머?

☞ 여기서 드실 겁니까, 아니면 가지고 가실 겁니까?
您在这儿吃，还是带走？
Nín zàizhèr chī, háishì dàizǒu?
닌 짜이쩌얼 츠 하이쓰 따이저우?

☞ 프라이드 치킨 두 조각만 주세요.
要两块儿炸鸡。
Yào liǎng kuàr zhájī.
야오 량콰알 짜지.

☞ 양상추를 더 넣어주세요.
请多放生菜。
Qǐng duōfàng shēngcài.
칭 뚜어팡 성차이.

☞ 다이어트 콜라로 주세요.
我要健身可乐。
Wǒyào jiànshēn kělè.
워 야오 찌엔선 커러.

☞ 케첩 좀 더 주시겠어요?
请再给点蕃茄酱？
Qǐng zài gěidiǎn fānqiéjiàng?
칭 짜이 게이디엔 판체쨩?

☞ 얼음을 넣은 걸로 주세요.
我要加冰的饮料。
Wǒ yào jiābīng de yǐnliào.
워 야오 쟈삥 더 인랴오.

☞ 감자튀김 필요하세요?
要薯条吗？
Yào shǔtiǎo ma?
야오 수티야오 마?

☞ 커피가 싫으시면 오렌지주스로 드세요.
你不喜欢咖啡的话，来橙汁吧。
Nǐ bù xǐhuān kāfēi de huà, lái chéngzhī ba.
니 뿌 씨환카페이 더 화 라이 청즈 바.

- 可乐(커러) 콜라
- 雪碧(쉐삐) 사이다
- 芬达(펀다) 환타
- 薯条(수탸오) 감자튀김
- 吸管儿(시괄) 빨대
- 湿巾(스진) 물티슈

• 여러 가지 패스트푸드의 명칭

① 汉堡包 (한바오바오) 햄버거

② 炸薯条 (짜수탸오) 감자튀김

③ 苏打水 (쑤다수이) 탄산음료

④ 热狗 (러꺼우) 핫도그

⑤ 比萨饼 (비싸빙) 피자

⑥ 沙拉 (싸아라) 샐러드

⑦ 炸玉米饼 (짜위미빙) 타코

⑧ 奶昔 (나이씨) 밀크쉐이크

⑨ 松饼 (쑹빙) 머핀

⑩ 油炸圈饼 (여우짜취엔빙) 도너츠

Chapter 06

쇼핑하기

쇼핑만을 위한 여행 상품이 있을 정도로 쇼핑은 해외여행의 큰 즐거움 중 하나입니다. 단체관광 도중 가이드가 권하는 물건은 보통 구입하고 난 후에 후회하는 경우가 많습니다. 하지만 자신이 직접 사고자 하는 물건을 미리 생각해두고 믿을만한 상점에서 구입한다면 국내에서보다 더 좋은 제품을 더 싼 가격에 구입할 수도 있습니다.
자~ 그럼 지금부터 즐거운 쇼핑을 시작해볼까요?

KEY Expressions

01 담배를 어디서 살 수 있나요?

请问在哪儿能买到烟?

Qǐngwèn zàinǎr néng mǎidào yān?

칭원 짜이 나알 넝 마이따오 옌?

시계 手表 shǒubiǎo 서우뱌우	팔찌 手链 shǒuliàn 서우리엔	목걸이 项链 xiàngliàn 샹리엔	화장품 化壮品 huàzhuāngpǐn 화좡핀
향수 香水 xiāngshuǐ 샹수이	차 茶 chá 차	술 酒 jiǔ 져우	도자기 陶瓷 táocí 타오츠

02 백화점이 어디있어요?

百货店在哪儿?

Bǎihuòdiàn zài nǎr?

바이훠띠엔 짜이 나알?

편의점 便利店 biànlìdiàn 삐엔리띠엔	면세점 免税店 miǎnshuìdiàn 미엔수이띠엔	기념품상점 纪念品商店 jìniànpǐnshāngdiàn 지니엔핀상띠엔
선물가게 礼品店 lǐpǐndiàn 리핀띠엔	화장품상점 化妆品店 huàzhuāngpǐndiàn 화좡핀띠엔	쇼핑몰 购物中心 gòuwùzhōngxīn 꺼우우쫑신
벼룩시장 跳蚤市场 tiàozaoshìchǎng 탸오자오쓰창	보석상점 手饰店 shǒushìdiàn 서우쓰띠엔	서점 书店 shūdiàn 수띠엔

03 이 바지 얼마죠?

这条裤子多少钱？

Zhè tiáo kùzi duōshǎoqián?

쩌 티야오 쿠즈 뚜어사오 치엔?

셔츠 衬衫 chènshān 천싼	재킷 夹克 jiákè 쟈커	치마 裙子 qúnzi 췬즈	목도리 围巾 wéijīn 웨이진
핸드백 手提包 shǒutíbāo 서우티빠오	립스틱 口红 kǒuhóng 커우훙	반지 戒子 jièzi 찌에즈	귀걸이 耳环 ěrhuán 얼환
위스키 威士忌 wēishìjì 웨이쓰찌	와인 葡萄酒 pútáojǐu 푸타오져우	옥 玉 yù 위	윗도리 上衣 shàngyī 쌍이

04 너무 작아요.

太小了。

Tài xiǎo le.

타이 샤오 러.

큰 / 꽉 끼는 大 / 紧 dà / jǐn 따 / 진	헐거운 松 sōng 쑹	두꺼운 厚 hóu 허우	얇은 / 긴 薄 / 长 báo / cháng 바오 / 창
짧은 / 촌스러운 短 / 土 duǎn / tǔ 두완 / 투	비싼 / 싼 贵 / 便宜 guì / piányi 꾸이 / 피엔이	색이 야한 太花 taìhuā 타이화	색이 어두운 暗 àn 안

쇼핑센터 / 상점 찾기

즐거운 쇼핑을 즐기려면 떠나기 전에 인터넷과 여행책자를 통해 유명 쇼핑몰이나 시장에 대한 정보를 알아두는 것이 좋습니다. 또한 중국의 상점들은 한국과 달리 늦은 시간까지 영업을 하지는 않지만 일찍 영업을 시작합니다. 기념일과 일요일에 대부분 영업을 하지 않는다는 것도 알아두기 바랍니다.

生生회화

A : 실례합니다. 이 근처에 백화점이 있나요?
请问，这附近有百货店吗？
Qǐngwèn, zhè fùjìn yǒu bǎihuòdiàn ma?
칭원, 쩌 푸찐 여우 바이훠띠엔 마?

B : 뭘 사려고 하시는데요?
您想买什么？
Nín xiǎng mǎi shénme?
닌 샹 마이 선머?

A : 화장품을 좀 사려고요.
我想买化妆品。
Wǒ xiǎng mǎi huàzhuāngpǐn.
워 샹 마이 화좡핀.

B : 화장품상점에서 훨씬 싸게 구입 할 수 있어요. 저 앞 모퉁이 돌아 바로예요.
在化妆品店买会更便宜，前边一拐就是。
Zài huàzhuāngpǐndiàn mǎi huì gèngpiányi, qiánbiān yìguǎi jiùshì.
짜이 화좡핀띠엔 마이 후이 껑 피엔이, 치엔비엔 이 과이 쩌우쓰.

A : 감사합니다.
多谢。
Duō xiè.
뚜어 씨에.

- 买(마이 mǎi) 사다
- 卖(마이 mài) 팔다
- 更贵(껑꾸이) 더 비싸다
- 更便宜(껑피엔이) 더 싸다

쇼핑센터 찾아가기

☞ 쇼핑몰이 어딘지 알려주시겠어요?
请问，购物中心在哪儿？
Qǐngwèn, gòuwùzhōngxīn zài nǎr?
칭원, 꺼우우쭝신 짜이 나알?

☞ 몇 시에 문을 열죠?
几点开门？
Jǐ diǎn kāi mén?
지 디엔 카이 먼?

☞ 몇 시에 폐점하죠?
几点关门？
Jǐ diǎn guān mén?
지 디엔 꾸안 먼?

☞ 속옷은 어디서 파나요?
请问，哪儿卖内衣？
Qǐngwèn, nǎr mài nèiyī?
칭원, 나알 마이 네이이?

☞ 여성복 매장은 몇층에 있나요?
几楼买女士装？
Jǐlóu mài nǚshìzhuāng?
지 러우 마이 뉘쓰좡?

- 购物中心 (꺼우우쭝신) 쇼핑센터
- 内衣 (네이이) 속옷
- 男士装 (난쓰좡) 남성복
- 女士装 (뉘쓰좡) 여성복

쇼
핑

특정상점 찾아가기

☛ 가장 가까운 슈퍼마켓이 어디죠?
最近的超市在哪儿?
Zuìjìn de chāoshì zài nǎr?
쭈이찐 더 차오쓰 짜이 나알?

☛ 편의점에 가야해요.
得去便利店。
Děi qù biànlìdiàn.
데이 취 삐엔리띠엔.

☛ 이 근처에 면세점 있나요?
这附近有免税店吗?
Zhè fùjìn yǒu miǎnshuìdiàn ma?
쩌 푸찐 여우 미엔쑤이띠엔 마?

☛ 전자제품을 어디서 살 수 있나요?
电子产品在哪儿买?
Diànzǐ chánpǐn zài nǎr mǎi?
띠엔즈 찬핀 짜이 나알 마이?

☛ 기념품을 어디서 저렴하게 살 수 있나요?
在哪儿能买到便宜的纪念品?
Zài nǎr néng mǎidào piányide jìniànpǐn?
짜이 나알 넝 마이따오 피엔이더 찌니엔핀?

☛ 좋은 신발가게가 있나요?
有不错的鞋店吗?
Yǒu búcuò de xiédiànma?
여우 부춰 더 시에띠엔마?

☛ 여기서 먼가요?
离这儿远吗?
Lí zhèr yuǎnma?
리 쩌얼 웬마?

• 쇼핑몰 내부 상점들의 명칭

① 指南 (즈난) 안내판

② 咨询处 (쯔쉰추) 안내소

③ 冰棋淋店 (빙치린띠엔) 아이스크림 가게

④ 眼镜店 (옌징띠엔) 안경점

⑤ 玩具店 (완쮜띠엔) 장난감가게

⑥ 花店 (화띠엔) 꽃가게

⑦ 发廊 (파랑) 미용실

⑧ 电子中心 (띠엔즈중신) 전자제품상점

⑨ 宠物店 (충우띠엔) 애완견상점

⑩ 喷水池 (펀수이츠) 분수대

물건 고르기

상점에 들어섰을 때 점원이 '欢迎光临'(환잉꽝린 : 오신 것을 대단히 환영합니다) 하고 인사를 합니다. 이어서 '您要什么?' (닌야오선머 : 찾으시는 거 있으세요?) 이라고 물었을 때 구경만 할 의도였다면 '我只是看看' (워 즈쓰 칸칸 : 그냥 보는 거예요)이라고 대답합니다.

生生회화

A : 구두를 사려고요.
我想买双鞋。
Wǒ xiǎng mǎi shuāngxié.
워상 마이 쑤앙 시에.

B : 어떤 종류의 구두를 찾으세요?
您想买什么款式的鞋?
Nín xiǎng mǎi shénme kuǎnshìde xié?
닌 샹마이 선머 콴쓰더 시에?

A : 정장 구두요.
晚礼服鞋。
Wǎn lǐ fú xié.
완 리푸 시에.

B : 어떤 사이즈를 신으시나요?
穿多大号的?
Chuān duōdà hào de?
촨 뚜어따 하오 더?

A : 큰 사이즈를 신어요.
大号的。
Dà hào de.
따 하오 더.

중국식 신발 치수단위는 우리나라와 약간 다릅니다. 보통 240은 37, 250은 38, 260은 39, 270은 400이라고 표시합니다.

• 款式(콴쓰) 디자인, 종류, 스타일
• 鞋(시에) 신발

물건 찾기

- 뭐 찾으시는 거 있으세요?
  您要什么？
  Nín yào shénme?
  닌 야오 선머?

- 그냥 구경하는 거예요.
  我只是看看。
  Wǒ zhǐshì kànkan.
  워 즈쓰 칸칸.

- 천천히 둘러 보세요.
  请慢看。
  Qǐng màn kàn.
  칭 만 칸.

- 카메라를 찾고 있는데요.
  我找相机。
  Wǒ zhǎo xiàngjī.
  워 자오 쌍지.

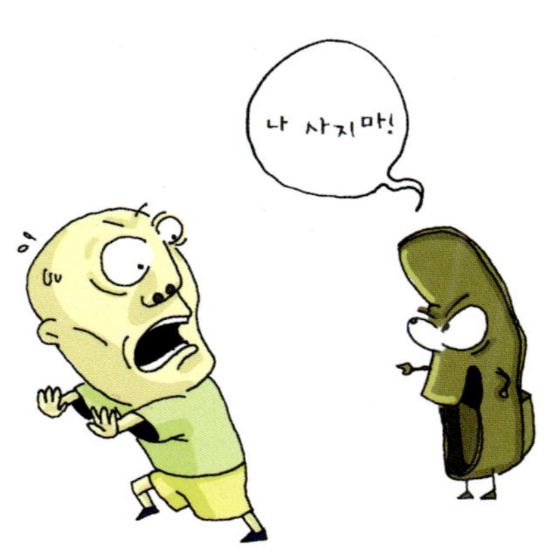

- 저쪽에 저것 좀 보여주시겠어요?
  请给我看一下那边的那个，可以吗？
  Qǐng gěi wǒ kànyíxià nàbiānde nèige, kěyǐma?
  칭 게이워 칸이샤 나비엔더 네이거, 커이마?

- 진열장 안에 있는 그것 좀 볼 수 있어요?
  能不能给我看一下陈列橱里的？
  Néngbunéng gěiwǒ kànyíxià chénlièchú lide?
  넝부넝 게이워 칸이샤 천리에추 리더?

- 이거 작은 사이즈 있어요?
  这个有小号的吗？
  Zhège yǒu xiǎohào de ma?
  쩌거 여우 샤오하오 더 마?

물건 고르기

☞ 이 향수 좀 보여주세요.
请给我看一下这瓶香水。
Qǐng gěi wǒ kànyíxià zhèpíng xiāngshuǐ.
칭게이워 칸이샤 쩌핑 샹수이.

☞ 다른 것 좀 보여주시겠어요?
能给我再看一下别的吗?
Néng gěiwǒ zài kànyíxià biéde ma?
넝 게이워 짜이 칸이샤 비에더 마?

☞ 품질이 좀 더 좋은 것 있나요?
有没有质量比这更好一点的?
Yǒuméiyǒu zhìliàng bǐ zhè gèng hǎoyìdiǎnde?
여우메이여우 쯔량 비 쩌 껑 하오이디엔더?

☞ 이 향수 남성용인가요?
这香水是男士用的吗?
Zhè xiāngshuǐ shì nánshì yòngde ma?
쩌 샹수이 쓰 난쓰 융더 마?

☞ 입어 봐도 되나요?
可以试穿吗?
Kěyǐ shì chuān ma?
커이 쓰촨 마?

☞ 탈의실이 어디죠?
更衣室在哪儿?
Gēngyīshì zài nǎr?
껑이스 짜이 나알?

☞ 어때요?
怎么样?
Zěn me yàng?
전 머 양?

☛ 저한테 어울리나요?
适合我吗?
Shìhé wǒ ma?
쓰허 워 마?

☛ 제 치수를 재주시겠어요?
能给我量一下尺寸吗?
Néng gěiwǒ liángyíxià chǐcùnma?
넝 게이워 량이샤 츠춘마?

☛ 너무 꽉 끼는데요.
太紧了。
Tài jǐn le.
타이 진 러.

☛ 더 큰 사이즈 있어요?
有再大点的号儿吗?
Yǒu zài dàdiǎn de hàor ma?
여우 짜이 따 디엔 더 하올 마?

☛ 제게 꼭 맞아요.
很合身。
Hěn héshēn.
헌 허선.

☛ 어떤 종류의 색상이 있나요?
都有什么颜色?
Dōu yǒu shénme yánsè?
떠우 여우 선머 옌써?

☛ 이거 다른 색상으로 있어요?
这个还有别的颜色吗?
Zhège háiyǒu biéde yánsèma?
쩌거 하이여우 비에더 옌써마?

☛ 다른 디자인 있어요?
有别的款式吗?
Yǒubiéde kuǎnshì ma?
여우 비에더 콴쓰 마?

• 质量 (쯔량) 품질
• 量 (량) 치수를 재다

☞ 이 디자인이 요즘 유행인가요?
是最近流行的样式吗?
Shì zuìjìn liúxíngde yàngshì ma?
쓰 쭈이찐 려우싱더 양쓰 마?

☞ 이거 재질이 뭐죠?
这是什么料子?
Zhèshì shénme liàozi?
쩌스 선머 랴오즈?

☞ 일본제품인가요?
是日本的吗?
Shì Rìběn de ma?
쓰 르번 더 마?

☞ 이거 100% 실크인가요?
是真丝的吗?
Shì zhēnsīde ma?
쓰 쩐스 더 마?

☞ 이거 100% 모직인가요?
是纯毛的吗?
Shì chúnmáo de ma?
쓰 춘마오 더마?

• 毛(마오) 모직
• 棉(미엔) 면
• 真丝(쩐스) 실크
• 尼龙(니룽) 나이론

면세점에서

☞ 어떤 선글라스가 요즘 가장 인기 있어요?
最流行的墨镜是哪种？
Zuì liúxíngde mòjìng shì nǎzhǒng?
쭈이 려우싱더 머찡 쓰 나중?

最流行的 (쭈이려우싱더) '가장 유행
하는'이란 뜻으로 명사 앞에 옵니다.

☞ 샤넬 향수를 사고 싶은데요.
我想买香奈尔香水。
Wǒ xiǎng mǎi xiāngnàiěr xiāngshuǐ.
워 샹 마이 샹나이얼 샹수이.

☞ 이 상품은 무슨 브랜드죠?
这是什么牌子的？
Zhèshì shénme páizide?
쩌스 선머 파이즈더?

☞ 얼마나 디스카운트가 되나요?
打几折？
Dǎ jǐ zhé?
따 지 저?

☞ 면세품인가요?
是免税品吗？
Shì miǎnshuìpǐn ma?
쓰 미엔쑤이핀 마?

공항 내에 있는 모든 상점이 면세점
이 아니므로 들어가기 전에 간판에
'免税店'(미엔쑤이띠엔)라고 쓰여 있
는지 확인합니다.

☞ 탑승권을 볼 수 있을까요?
能看一下您的机票吗？
Néng kànyíxià nínde jīpiào ma?
넝 칸이샤 닌더 지퍄오 마?

☞ 탑승 전에 수취하시기 바랍니다.
请您在登机前领取。
Qǐng nín zài dēngjīqián lǐngqǔ.
칭 닌 짜이 덩지치엔 링취.

• 여러 가지 제품의 명칭

• 일용품

비누	삼푸	린스	칫솔
香皂 (샹자오)	洗发精 (시파징)	护发素 (후파쑤)	牙刷 (야쑤)
치약	수건	빗	헤어젤
牙膏 (야까오)	毛巾 (마오진)	梳子 (수즈)	发油 (파여우)

• 식료품

우유	콜라	쥬스	커피
牛奶 (녀우나이)	可乐 (커러)	果汁 (궈즈)	咖啡 (카페이)
통조림	라면	초콜릿	껌
罐头 (꾸안터우)	方便面 (팡비엔미엔)	巧克力 (챠오커리)	泡泡糖 (파오파오탕)

• 의 류

바지 / 양복바지	청바지	치마	치파오
裤子 / 西裤 (쿠즈 / 시쿠)	牛仔裤 (녀우자이쿠)	裙子 (췬즈)	旗袍 (치파오)
양복	셔츠	넥타이	재킷 / 티셔츠
西服 (시푸)	衬衫 (천싼)	领带 (링따이)	佳克 / T恤 (쟈커 / 티쒸)
스웨터	팬티	브래지어	양말
毛衣 (마오이)	内裤 (네이쿠)	胸罩 (슝자오)	袜子 (와즈)

• 잡 화

신사화	하이힐	운동화	샌들	지갑
男士皮鞋 (난스피이시에)	高根鞋 (까오껀시에)	运动鞋 (윈뚱시에)	拖鞋 (투어시에)	钱包 (치엔바오)
핸드백	배낭	손목시계	모자	허리띠
手提包 (써우티바오)	背包 (뻬이바오)	手表 (서우뱌오)	帽子 (마오즈)	腰带 (야오따이)

• 화장품

아이펜슬	아이샤도우	아이라이너	볼터치
眉笔 (메이비)	眼影 (옌잉)	眼线膏 (옌시옌까오)	胭脂(腮红) (옌즈(사이훙))
립스틱	파운데이션	메니큐어	립글로스
口红 (커우훙)	隔离霜 (거리샹)	指甲油 (즈쟈여우)	唇彩 (춘차이)
엣센스	영양크림	팩	스킨 / 로션
精华素 (징화쑤)	营养霜 (잉양샹)	面膜 (미엔머)	化妆水 / 乳液 (화쟝수이 / 루예)

• 색상/재질/무늬

흰색	검은색	빨강	파랑	초록
白色 (바이써)	黑色 (헤이써)	红色 (훙써)	蓝色 (란써)	绿色 (뤼써)
노랑	갈색	면	실크	모직
黄色 (황써)	棕色 (쭝써)	棉 (미엔)	丝绸 (쓰처우)	毛 (마오)
가죽	마	무늬	줄무늬	꽃무늬
皮子 (피즈)	麻 (마)	图案 (투안)	条纹 (탸오원)	花纹 (화원)

계산하기

대부분의 나라에서는 신용카드와 현금, 그리고 여행자수표를 모두 취급하지만 중국은 신용카드나 수표사용이 아직 활성화되지 않아 주로 현금을 사용합니다. 백화점이나 면세점 등의 가격정찰제인 곳을 제외한 벼룩시장이나 기념품상점에서는 가격흥정이 가능합니다. 따라서 '便宜点儿吧!(피엔이디알바: 좀 깎아주세요)'라는 문장을 외워두면 반드시 쓸모가 있을 것입니다.

生生회화

A : 티셔츠 좀 보여주시겠어요?
能不能给我看一下这件T恤儿?
Néngbunéng gěi wǒ kànyíxià zhèjiàn Txùr?
넝부넝 게이 워 칸이샤 쩌지엔 티쉐얼?

B : 이 파란 거 말인가요?
这蓝的吗?
Zhè lánde ma?
쩌 란더 마?

A : 네. 얼마죠?
对。多少钱?
Duì. duōshǎo qián?
뚜이. 뚜어사오 치엔?

B : 50위엔 입니다.
50元。
Wǔshí yuán.
우쓰웬.

A : 너무 비싸네요. 좀 깎아주세요.
太贵了。便宜点儿吧。
Tàiguìle. piányidiǎnr ba.
타이꾸이러. 피엔이디알 바.

B : 죄송하지만 안 됩니다. 이미 할인된 가격인걸요.
对不起。已经很便宜了。
Duìbuqǐ. yǐjīng hěn piányi le.
뚜이부치. 이징 헌 피엔이 러.

가격 흥정과 계산하기

☛ 이거 얼마죠?
这个多少钱？
Zhège duōshǎoqián?
쩌거 뚜어사오 치엔?

☛ 이거 전부 얼마죠?
一共多少钱？
Yígòng duōshǎo qián?
이꿍 뚜어사오 치엔?

☛ 그건 제 예산을 넘는군요!
比我想的要贵！
Bǐ wǒ xiǎngde yào guì!
비 워 샹더 야오 꾸이!

☛ 더 싼 거 있어요?
还有更便宜的吗？
Háiyǒu gèng piányi dema?
하이여우 껑 피엔이 더마?

☛ 얼마 정도 예상하시는데요?
您想多少钱？
Nín xiǎng duōshǎo qián?
닌 샹 뚜어사오 치엔?

☛ 좀 더 깎아주시겠어요?
能再便宜点儿吗？
Néng zài piányidiǎnr ma?
넝 짜이 피엔이디알 마?

☛ 이거 지금 세일중인가요?
这个在打折吗？
Zhège zài dǎzhéma?
쩌거 자이 다저마?

중국 시장에서는 바가지를 쓰기 쉬우므로 특히 관광지에서는 가격을 반 이상 깎아야 합니다.

핵심단어

• 一共(이꿍) 전부, 합계하여
• 打折(다저) 세일, 디스카운트

쇼
핑

☞ 50% 깎아드리죠.
打5折吧。
Dǎ wǔzhé ba.
다 우저 바.

중국의 할인 제도는 한국과 차이가
있습니다. 예를 들어 중국에서 70%
(打七折. 다치저) 할인 한다고 했을
때 한국식으로 30% 할인을 뜻하므
로 혼동하지 않기 바랍니다.

☞ 이거 세금 포함된 가격인가요?
这价钱包括税吗?
Zhè jiàqián bāokuòshuì ma?
쩌 쨔치엔 빠오쿼 쑤이마?

☞ 신용카드로 계산해주세요.
我用信用卡付款。
Wǒ yòng xìnyòngkǎ fùkuǎn.
워 융 씬융카 푸콴.

☞ 달러로 지불해도 되나요?
可以用美元支付吗?
Kěyǐ yòng měiyuán zhīfù ma?
커이 융 메이위엔 쯔푸마?

☞ 영수증 끊어주세요.
请开个收据。
Qǐng kāige shōujù.
칭 카이거 서우쮜.

포장, 배달 부탁하기

선물용으로 포장해 주세요.
请包装一下。
Qǐng bāozhuāng yíxià.
칭 바오좡 이샤.

따로 따로 포장해주세요.
请各包各的。
Qǐng gèbāo gède.
칭 꺼바오 꺼더.

포장비를 내야하나요?
有包装费吗?
Yǒu bāozhuāng fèi ma?
여우 바오좡 페이 마?

비닐봉지 하나 주세요.
请给一个塑料袋。
Qǐng gěi yīge sùliàodài.
칭 게이거 쑤랴오따이.

쇼핑백 하나 얼마에요?
方便袋多少钱?
Fāngbiàndài duōshǎo qián?
팡비엔따이 뚜어사오 치엔?

배달해 주실 수 있습니까?
能提供送货上门服务吗?
Néng tígōng sònghuò shàngmén fúwù ma?
넝 티꿍 쑹훠상먼 푸우 마?

이 주소로 보내주세요.
请寄到这儿。
Qǐng jìdào zhèr.
칭 찌따오 쩌얼.

- 塑料袋(쑤랴오따이) 비닐봉지
- 方便袋(팡비엔따이) 쇼핑백

☛ 운송비가 있습니까?
有邮寄费吗?
Yǒu yóujì fèi ma?
여우 여우찌 페이 마?

☛ 한국의 서울로 보내주시겠어요?
能寄到韩国首尔吗?
Néng jìdào Hánguó Shǒu'ěr ma?
넝 찌따오 한궈 서우얼 마?

☛ 항공우편으로 부탁합니다.
请空运。
Qǐng kōng yùn.
칭 쿵 윈.

☛ 항공우편 비용은 얼마입니까?
空运费用是多少?
Kōngyùn fèiyòng shì duōshao?
쿵윈 페이융 스 뚜어사오?

• 중국의 화폐

중국의 화폐인 인민폐는 元(위엔/콰이), 角(쟈오/마오), 分(펀)으로 나뉘며 1元(위엔/콰이)=10角 =100分 입니다. 1元, 5角, 2角, 1角, 5分, 2分, 1分은 각각 동전과 지폐로 통용되며, 分 단위의 사용은 점점 사라지는 추세입니다. 그 외의 지폐는 5元, 10元, 20元, 50元, 100元 으로 구분됩니다. 공식적으로는 元(위엔)이라는 단위를 쓰지만 일반적으로 중국에서는 元(위엔) 보다 块(콰이)를 구어체로 많이 사용하기 때문에 계산할 때는 "几块(지콰이)?" (얼마죠?)라고 합니다. 10元 이하의 지폐에는 중국 소수민족들이 그려져 있고, 새로 발행된 10元 이상의 신권에는 마오쩌둥의 초상화가 그려져 있습니다.

• 1角(쟈오) = 1毛(마오)

　고산족과 만주족

• 2角(쟈오) = 2毛(마오)

　부의족과 조선족

• 5角(쟈오) = 5毛(마오)

　묘족과 장족

• 1元(위엔) = 1块(콰이)

　동족과 묘족

쇼
핑

- 2元(위엔) = 2块(콰이)
  위그르족과 이족

- 5元(위엔) = 5块(콰이)
  회족과 장족

- 10元(위엔) = 10块(콰이)
  신권 – 마오쩌둥

- 20元(위엔) = 20块(콰이)
  신권 – 마오쩌둥

- 50元(위엔) = 50块(콰이)
  신권 – 마오쩌둥

- 100元(위엔) = 100块(콰이)
  신권 – 마오쩌둥

교환 및 환불

물건을 구입한 후 제품에 문제가 있거나 마음에 들지 않을 때 교환이나 환불을 합니다. 교환이나 환불을 할 때는 감정적인 표현을 피하고 해결의 초점을 이성적으로 판단해 일목요연하게 설명하는 것이 좋습니다. 또한, 교환이나 환불을 받기 위해 영수증을 잘 보관하도록 합니다.

生生회화

A : 여기 얼룩이 있어요. 다른 것으로 교환할 수 있을까요?
这儿有污点，能给换下别的吗？
Zhèr yǒu wūdiǎn, néng gěi huànyíxià biéde ma?
쩔얼 여우 우디엔 넝 게이 환이시아 비에더 마?

B : 어디 좀 보여주시겠어요?
可以看看吗？
Kěyǐ kànkan ma?
커이 칸칸 마?

A : 여기요.
是这儿。
Shì zhèr.
쓰 쩔얼.

B : 죄송합니다. 교환해 드리겠습니다.
对不起，马上给您换。
Duìbuqǐ, mǎshàng gěinín huàn.
뚜이부치 마상 게이닌 환.

물건을 환불받거나 교환할 때는 반드시 영수증을 제시해야 합니다.

쇼

핑

生生 상황 표현

물건 교환하기

☞ 교환하고 싶어요.
我想换。
Wǒ xiǎng huàn.
워 샹 환.

☞ 여기가 찢어졌어요.
这儿破了。
Zhèr pò le.
쩌얼 풔 러.

☞ 색상이 맘에 안들어요.
颜色不怎么样。
Yánsè bù zěnmeyàng.
옌써 뿌 전머양.

☞ 어디 한번 볼까요.
我看一看。
Wǒ kànyikàn.
워 칸이칸.

☞ 구입하실 때부터 있던 건가요?
买的时候就有的吗？
Mǎide shíhòu jiù yǒude ma?
마이더 스허우 쩌우 여우더 마?

☞ 몰랐어요.
没有看出来。
Méiyǒu kàn chūlái.
메이여우 칸 추라이.

• 看出来(칸추라이) 알아채다.

➤ 반품하고 싶은데요.
我想退货。
Wǒ xiǎng tuìhuò.
워 샹 투이훠.

➤ 환불해주나요?
给退款吗?
Gěi tuìkuǎn ma?
게이 투이콴 마?

➤ 언제 구입하셨죠?
什么时候买的?
Shénme shíhòu mǎide?
선머 스허우 마이더?

➤ 어제 산 거예요.
昨天买的。
Zuótiān mǎide.
줘티엔 마이더.

➤ 딱 한 번 사용했어요.
只用过一次。
Zhǐ yòngguo yícì.
쯔 융궈 이츠.

➤ 환불은 해드릴 수 없지만 교환은 가능합니다.
可以换，但不给退款。
Kěyǐ huàn, dàn bùgěi tuìkuǎn.
커이 환 딴 뿌게이 투이콴.

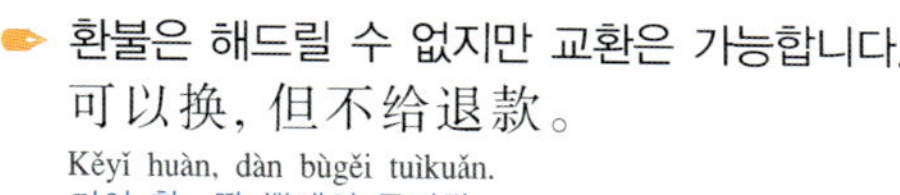

• 중국의 환불제도

중국에서는 구입한 물건의 영수증을 보관한다면 일정기간 내에 환불이나 교환을 쉽게 받을 수 있습니다. 하지만 이러한 환불제도는 대형 백화점에서만 적용되며 개인상점이나 거리에서 물건을 구입했을 경우 환불은 물론 교환조차도 안 되기 때문에 주의해야 합니다. 보통 환불보장 기간은 10일이지만 특정 상품에 따라 3일이나 1주일간 보장하기도 합니다.

• 중국의 선물문화

중국인에게 선물하면 안 되는 것은?

① 시계 : 시계를 선물하다(送钟 : 쑹중)이란 말은 발음상 송장이란 단어와 같기 때문에 중국의 상점이나 백화점에서 벽걸이 시계를 찾아보기 힘듭니다.

② 국화 : 우리나라와 같이 장례식에 사용되기 때문에 꺼려합니다. 화환도 마찬가지입니다.

③ 우산 : 우산(雨伞 : 위산)의 발음이 '흩어지다(散 : 산)' 와 발음이 같기 때문에 연인이나 부부에게는 절대로 선물해서는 안 됩니다.

④ 배 : 중국에서는 과일을 선물로 많이 하지만 그 중 배를 선물 하지 않는 이유는 배(梨 : 리)의 발음이 '离(헤어지다)' 란 단어와 같기 때문입니다.

⑤ 하얀 봉투 : 우리나라 사람들은 돈을 하얀 봉투에 넣어서 월급이나 용돈으로 많이 주지만, 중국에서는 하얀 봉투는 상갓집에 갔을 경우에만 사용됩니다.

Chapter
07

Chapter SEVEN
GO! SIGHTSEEING

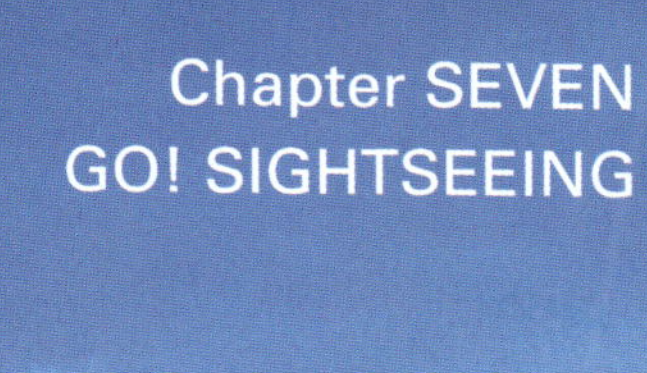

관광하기

혼자 하는 여행이라면 문제없지만, 여행사에서 제공하는 단체여행을 갈 경우 정해진 일정대로 관광지를 돌며 이동하고 사진 찍기가 여행일정의 전부일 것입니다. 더 좋은 추억을 만들기 위해 단 하루라도 자유시간을 할애해 원하는 곳과 구경거리를 능동적으로 찾아다니는 자세가 필요합니다. 해외여행을 가서 그 나라의 문화를 몸으로 직접 느끼고 돌아온다면 그보다 성공적인 여행은 없을 것입니다.

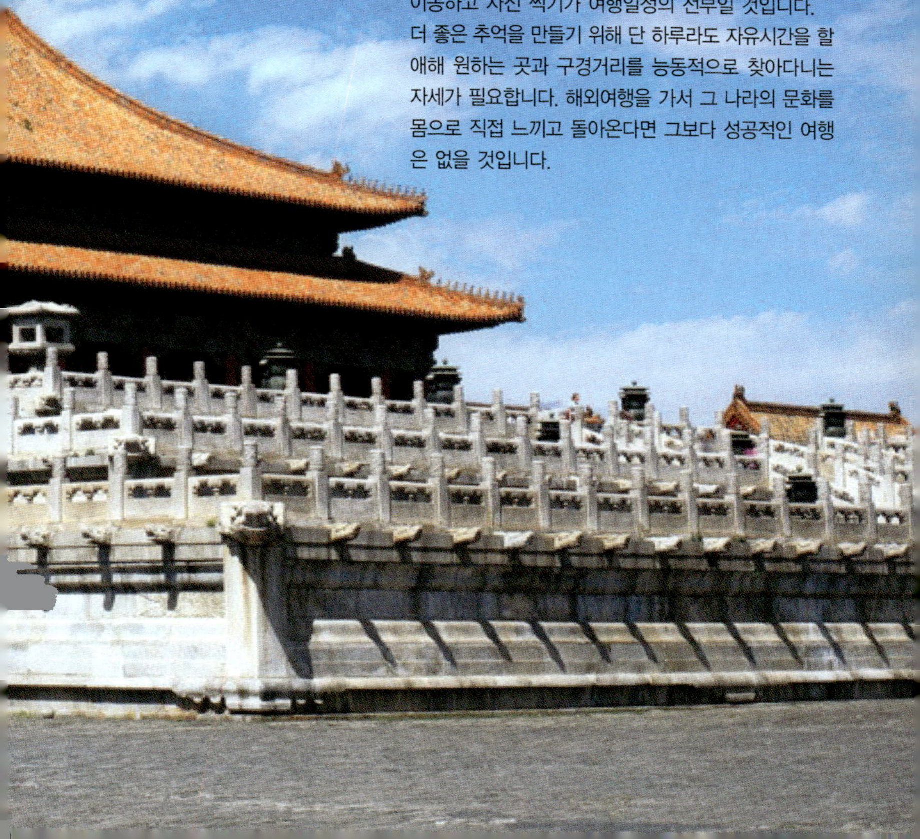

KEY Expressions

01 이 근처에 박물관 있나요?
这附近有博物馆吗?
Zhè fùjìn yǒu bówùguǎn ma?
쩌 푸진 여우 뭐우관 마?

미술관 美术馆 měishùguǎn 메이쑤관	동물원 动物园 dòngwùyuán 뚱우위엔	식물원 植物园 zhíwùyuán 즈우위엔	수족관 水族馆 shuǐzúguǎn 수이주관
공원 公园 gōngyuán 꿍위엔	바닷가 海边 hǎibiān 하이비엔	유원지 名盛古迹 míngshènggǔjì 밍썽구지	스키장 滑雪场 huáxuěchǎng 화쉐창
극장 剧场 jùchǎng 쮜창	영화관 电影院 diànyǐngyuàn 디엔잉위엔	나이트클럽 迪厅 dítīng 디팅	카지노 赌场 dǔchǎng 두창

02 어른 한 명의 입장료가 얼마죠?
大人票多少钱?
Dàrén piào duōshǎo qián?
따렌 퍄오 두어사오 치엔?

학생 한 명 一个学生 yígèxuésheng 이거 쉐성	어린이 한 명 一个小孩儿 yígèxiǎoháir 이거샤오하알	어른 한 명 一个大人 yígèdàrén 이거따렌	단체 团体 tuántǐ 퇀티

03 스노보드 타기를 좋아해요.
我喜欢 滑板。
Wǒ xǐhuān huábǎn.
워 시환 화반.

썰매	스케이트	스키
雪撬	溜冰	滑雪
xuěqiāo	liūbīng	huáxuě
쉐챠오	려우빙	화쉐
등산	수상스키	서핑
登山	滑水运动	冲浪
dēngshān	huáshuǐyùndòng	chōnglàng
덩산	화수이윈뚱	충랑
스쿠버다이빙	요트	스노우보드
潜水	游艇	滑板
qiǎnshuǐ	yóutǐng	huábǎn
치엔수이	여우팅	화반

04 영화 보기를 좋아 하세요?
喜欢看 电影 吗?
Xǐhuān kàn diànyǐng ma?
시환 칸 디엔잉 마?

콘서트	뮤지컬	공연
演唱会	歌剧	演出
yǎnchànghuì	gējù	yǎnchū
옌창후이	거쮜	옌추
연극	마술쇼	서커스
戏剧	魔术表演	杂技
xìjù	móshùbiǎoyǎn	zhájì
씨쮜	뭐쑤뱌오옌	자찌

관광하기

현지 여행사의 패키지여행은 값이 저렴하며 다양한 나라에서 온 개인 관광객들이 많기 때문에 외국인 친구를 사귈 수 있는 좋은 기회가 됩니다. 그 밖에 박물관이나 미술관 관람을 원한다면 개관과 폐관시간을 미리 알아두어 일정에 차질이 생기는 일이 없도록 합니다.

生生회화

A : 사진 한 장 찍어주시겠어요?
能给我照张相吗?
Néng gěiwǒ zhàozhāngxiàng ma?
넝 게이워 짜오 장 쌍마?

B : 네. 저도 한 장 찍어주세요.
可以。请给我也照一张吧。
Kěyǐ. qǐng gěiwǒ yě zhào yìzhāng ba.
커이 칭 게이워 예 짜오 이장 바.

A : 물론이죠.
当然。
Dāng lán.
땅 란.

B : 어디서 찍으시겠어요?
您想在哪儿照?
Nín xiǎng zài nǎr zhào?
닌 샹 짜이 나알 짜오?

A : 바로 여기서 찍어주세요.
就在这儿照。
Jiù zài zhèr zhào.
쪄우 짜이 쩌얼 짜오.

관광안내소

▶ 시내지도 한 장 주세요.
请给一张城市地图。
Qǐng gěi yìzhāng chéngshì dìtú.
칭 게이 이장 청쓰 띠투.

▶ 관광안내책자 한 권 주세요.
请给我一本旅游指南。
Qǐng gěiwǒ yìběn lǚyóu zhǐnán.
칭 게이워 이번 뤼여우 즈난.

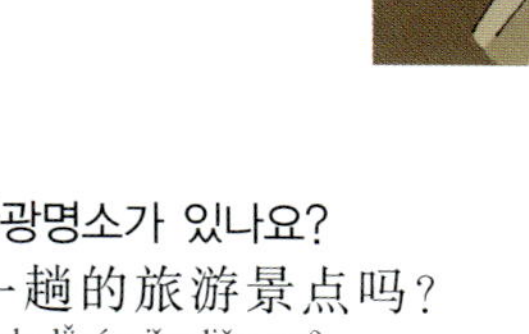

▶ 이것은 무료인가요?
这是免费的吗?
Zhèshì miǎnfèide ma?
쩌스 미엔페이더 마?

▶ 근처에 가볼만한 관광명소가 있나요?
附近有值的去一趟的旅游景点吗?
Fùjìn yǒu zhíde qùyítàng de lǚyóu jǐngdiǎn ma?
푸찐 여우 즈더 취이탕 더 뤼여우 징디엔 마?

▶ 젊은이들이 많이 가는 곳이 있나요?
有年轻人去的地方吗?
Yǒu niánqīngrén qùde dìfāng ma?
여우 니엔칭렌 취더 띠팡 마?

▶ 경치가 좋은 곳이 있나요?
有风景区吗?
Yǒu fēngjǐngqū ma?
여우 펑징취 마?

▶ 이 도시에 벼룩시장이 어디 있어요?
这城市的跳蚤市场在哪儿?
Zhè chéngshìde tiàozao shìchǎng zài nǎr?
쩌 청쓰더 탸오자오 쓰창 짜이 나알?

- 地图(띠투) 지도
- 指南(즈난) 안내책자
- 免费(미엔페이) 무료
- 收费(서우페이) 유료
- 跳蚤(탸오자오) 벼룩
- 市场(쓰창) 시장

관 광

➮ 경치가 정말 아름답군요!
风景太美了。
Fēngjǐng tài měile.
펑징 타이 메이러.

➮ 이건 뭐죠?
这是什么?
Zhè shì shénme?
쩌스 선머?

➮ 얼마나 오래된 거죠?
这个有多久了?
Zhège yǒu duōjiǔle?
쩌거 여우 뚜어져우러?

➮ 혼자 돌아보고 싶은데요.
我想自己逛逛。
Wǒ xiǎng zìjǐ guàngguang.
워 샹 쯔지 꽝광.

➮ 자유시간은 1시간 입니다.
自由时间是一个小时。
Zìyóu shíjiān shì yíge xiǎoshí.
쯔여우 스지엔 스 이거 샤오스.

➮ 그림엽서 판매하나요?
卖明信片吗?
Mài míngxìnpiàn ma?
마이 밍씬피엔 마?

➮ 어디서 마실 것을 파나요?
哪儿卖喝的?
Nǎr mài hēde?
나알 마이 허더?

· 自己 (쯔지) 스스로, 혼자

👉 필름을 어디서 파나요?
哪儿卖胶卷？
Nǎr mài jiāojuǎn?
나알 마이 쟈오쥐엔?

👉 여기서 사진 찍어도 되나요?
这儿可以照相吗？
Zhèr kěyǐ zhàoxiàng ma?
쩌얼 커이 짜오샹 마?

👉 저희 사진 한 장 찍어주실 수 있으세요?
能给我们照张相吗？
Néng gěi wǒmen zhào zhāng xiàng ma?
넝 게이 워먼 짜오장 쌍마?

👉 그냥 여기 있는 버튼을 누르면 되요.
按这边的扭就可以了。
Àn zhèbiānde niǔ jiù kěyǐle.
안 쩌비엔더 녀우 쩌우 커이러.

관
광

• 胶卷 (쟈오쥐엔) 필름

• 살아서 꼭 가봐야 할 중국의 여행지

• 장가계(张家界 장쟈찌에)

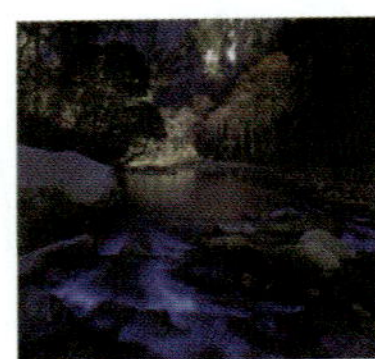

중국 호남성 서북부에 위치하고 있는 신흥국제 관광도시입니다. 국가삼림공원, 천자산 자연보호구, 삭계협곡 등으로 이루어졌으며, 토족, 맥족, 묘족 등 다양한 소수민족들이 생활하고 있습니다. 장가계는 보기드문 수려한 봉우리와 용암동 외에도 인적이 드문 자연지리 조건으로 원시상태에 가까운 아열대 경치와 생물 생태환경을 유지하고 있으며 억만년 동안 침수와 자연붕괴로 이루어진 절경을 갖추고 있습니다. '人生不到张家界,百岁岂能称老翁'(사람이 살면서 장가계에 가보지 않았다면, 100세가 되었다 해도 어찌 어르신이라고 할 수 있겠는가) 라는 말이 나올 정도로 중국인들은 이곳의 아름다움을 죽기 전에 반드시 봐야하는 절경중의 절경으로 칭송하고 있습니다.

• 계림(桂林 꾸이린)

중국 남쪽에 위치하며 묘족, 요족, 장족 등 다양한 소수민족들이 생활하고 있습니다. 계림은 중국의 유명한 도시인 동시에 역사 도시입니다. 아열대 기후에 속하며 강과 주위의 풍경이 잘 어우러져 '桂林山水 , 甲天下'(계림산수가 천하 제일이다)라는 찬사를 받을 만큼 관광명승지로 유명합니다.

• 병마용(兵马勇 빙마융)

중국 서안에서 가장 유명한 진시황 병마용(秦始皇兵马勇)은 진시황이 사후에 자신의 무덤을 지키기 위해 만든 거대한 군단입니다. 8천여 종류의 병사, 말, 전차 등은 모두 실물크기와 비슷하며 병사들의 표정이 각기 다른 것이 특징입니다.

• 석림(石林 스린)

운남성의 성도인 곤명(昆明 쿤밍)에는 26개의 소수민족이 살고 있으며 1982년 국무원이 비준한 국가급 관광지입니다. 중국4대 자연환경중 하나인 석림은 전형적인 카르스트지역입니다. 大小石林(따샤오스린), 乃古石林(나이구스린), 长湖(창후), 芝云洞(쯔윈둥) 등 7개 구역으로 구성되어 있으며, 수많은 기이한 돌바위들이 울창한 숲처럼 펼쳐져 있습니다.

• 만리장성(万里长城 완리창청)

만리장성은 중국고대의 중요한 군사시설로 베이징의 북서쪽 八达(빠다링)부터 居庸关(쥐융관)을 경유합니다. 만리장성의 길이는 약2,700km이나, 실제로는 약 6,400 km(중간에 갈라진 가지 모두 합하여)로 동서로 뻗은 인류역사상 최대 규모의 토목공사 유적입니다. 이 만리장성에서 모택동(마오쩌둥)은 '不到长城非好汉'(장성에 오르지 않고서는 사내대장부라 할 수 없다)라는 말을 남겨 만리장성의 웅장함을 더했습니다.

• 자금성(紫禁城 즈찐청)

베이징시의 중심에 위치한 중국 고대의 황궁으로 1420년에 건조된 세계적인 문화 유적지입니다. 105만점의 희귀한 문물이 전시되어 있으며, 성내는 크게 남쪽과 북쪽 두 구역으로 나누어져 있습니다. 성외는 외조(外朝)의 황제의 사적인 생활을 위한 내정(内廷)으로서 일반인에게 공개되었습니다. 세계문화유산목록에 등록되어 있으며, 관광지로서 뿐만 아니라 중국 시민의 휴식공간으로도 이용되고 있습니다.

관
광

관람하기

관광지에서 공연이나 연극을 보려면 미리 예매를 해두는 것이 좋습니다. 박물관이나 미술관, 극장 등은 학생 쮜웨이격을 적용하는 곳도 있으므로, 사전에 알아보고 가는 것이 좋습니다.

生生회화

A : 입장료가 얼마죠?
入场券是多少钱?
Rùchǎngquàn shì duōshǎo qián?
루창취엔 스 뚜어사오 치엔?

B : 어른 한 명에 20위엔입니다.
大人一张20元。
Dàrén yìzhāng èrshí yuán.
따렌 이장 알스 위엔.

A : 학생 할인이 되나요?
学生打折吗?
Xuésheng dǎzhé ma?
쉐성 다저 마?

B : 10% 할인됩니다.
打九折。
Dǎ jiǔ zhé.
다 져우 저.

A : 학생으로 두 장 주세요.
给两张学生票。
Gěi liǎng zhāng xuésheng piào.
게이 량장 쉐성 퍄오.

매표소는 售票处(써우퍄오추)라고 합니다.

· 入场券(루창취엔) 입장권

生生 상황 표현 

 **입장권 구입하기**

☛ 매표소가 어디죠?
售票处在哪儿？
Shòupiàochù zài nǎr?
써우퍄오 추 짜이 나알?

☛ 입장료가 얼마죠?
入场券是多少钱？
Rùchǎngquàn shì duōshǎo qián?
루창취엔 스 뚜어사오 치엔?

☛ 어른 표 세 장이요.
三张大人票。
Sān zhāng dàrén piào.
싼 장 따렌 퍄오.

☛ 학생증을 보여주시겠어요?
可以看一下学生证吗？
Kěyǐ kànyíxià xuéshēngzhèng ma?
커이 칸이샤 쉐성쩡 마?

☛ 단체표는 얼마나 할인되나요?
团体票打几折？
Tuántǐpiào dǎ jǐzhé?
퇀티퍄오 다 지저?

관 광

☞ 입구가 어디죠?
入口在哪儿?
Rùkǒu zài nǎr?
루커우 짜이 나알?

☞ 이 그림의 화가가 누구인가요?
这幅画儿的画家是谁?
Zhè fú huàr de huàjiā shì shéi?
쩌 푸화알 더 화쟈 쓰 세이?

☞ 이건 무엇에 쓰던 물건인가요?
这是干什么用的?
Zhèshì gàn shénme yòngde?
쩌스 깐 선머 융더?

☞ 무료안내책자가 있나요?
有免费指南吗?
Yǒu miǎnfèi zhǐnán ma?
여우 미엔페이 즈난 마?

☞ 무엇으로 만들어졌나요?
用什么做的?
Yòng shénme zuòde?
융 선머 쭤더?

☞ 얼마나 오래된 건가요?
多久的了?
Duō jiǔ dele?
뚜어 져우 더러?

☞ 한국말을 하는 가이드가 있나요?
有会韩国语的导游吗?
Yǒu huì Hánguóyǔde dǎoyóu ma?
여우 후이 한궈위더 다오여우 마?

• 入口 (루커우) 입구
• 出口 (추커우) 출구

☛ 화장실이 어디 있어요?
洗手间在哪儿?
Xǐshǒujiān zài nǎr?
시서우지엔 짜이 나알?

☛ 출구가 어딘가요?
出口在哪儿?
Chūkǒu zài nǎr?
추 커우 짜이 나알?

☛ 재입장이 가능한가요?
可以再入场吗?
Kěyǐ zài rùchǎng ma?
커이 짜이 루 창 마?

☛ 사진을 찍어도 되나요?
可以照相吗?
Kěyǐ zhàoxiàng ma?
커이 짜오썅 마?

관

광

➤ 오늘 밤 무슨 영화가 상영되나요?
今晚演什么电影?
Jīnwǎn yǎnshénme diànyǐng?
진 완 옌 선머 띠엔잉?

➤ 무슨 극장이죠?
什么剧场?
Shénme jùchǎng?
선머 쮜창?

剧场 (쮜창)은 연극이나 공연을 하는 극장을, 电影院 (띠엔잉웬)은 영화를 상영하는 극장을 뜻합니다.

➤ 그 영화의 주인공이 누구죠?
那电影的主人公是谁?
Nà diànyǐngde zhǔréngōng shìshéi?
나 띠엔잉더 주렌꿍 쓰세이?

女主角(뉘주줴) 여자주인공 / 男主角(난주줴)남자주인공

➤ 아직 표가 남아있나요?
还有票吗?
Háiyǒu piàoma?
하이 여우 퍄오마?

➤ 몇 시에 상영을 시작하나요?
几点开演?
Jǐdiǎn kāiyǎn?
지디엔 카이옌?

➤ 재미있나요?
有意思吗?
Yǒuyìsi ma?
여우이쓰 마?

➤ 팝콘은 어디서 사나요?
爆米花在哪儿买?
Bàomǐhuā zài nǎr mǎi?
빠오미화 짜이 나알 마이?

☛ 요즘 가장 인기 있는 뮤지컬이 뭐죠?
最近什么歌剧最有名？
Zuìjìn shénme gējù zuìyǒumíng?
쭈이진 선머 꺼쥐 쭈이 여우밍?

☛ 예약을 해야만 하나요?
必需预约吗？
Bìxū yùyuē mā?
삐쉬 위웨마?

☛ 티켓 두 장을 예약해주세요.
请给我定两张票。
Qǐng gěiwǒ dìng liǎngzhāng piào.
칭 게이워 띵 량장 퍄오.

• 영화의 여러 가지 장르

① 西部片 xībùpiān (씨부피엔) 서부영화
② 喜剧片 xǐjùpiān (시쮜피엔) 코미디영화
③ 冒险片 màoxiǎnpiān (마오시엔피엔) 모험영화
④ 动作片 dòngzuòpiān (둥쭤피엔) 액션영화
⑤ 恐怖片 kǒngbùpiān (쿵뿌피엔) 공포영화
⑥ 爱情片 àiqíngpiān (아이칭피엔) 로맨스영화
⑦ 悲剧片 bēijùpiān (뻬이쮜피엔) 비극적인영화
⑧ 科幻片 kēhuànpiān (커환피엔) 공상과학영화
⑨ 武打片 wǔdǎpiān (우다피엔) 무술영화

사교 / 오락

해외여행 중 스포츠를 즐기거나 현지의 나이트클럽, 술집, 카지노에 가보는 것은 큰 즐거움입니다. 스포츠는 되도록 그 나라가 자랑하고 그 나라에서만 즐길 수 있는 레저 스포츠를 택하는 것이 좋습니다.

生生회화

A : 제가 한 잔 사도 될까요?
我可以请你喝一杯吗?
Wǒ kěyǐ qǐngnǐ hē yìbēi ma?
워 커이 칭니 허 이뻬이 마?

B : 네. 고맙습니다.
当然。谢谢。
Dāngrán. xièxie.
땅란. 씨에시에.

A : 여행중이세요?
您在旅行吗?
Nín zài lǚxíng ma?
닌 짜이 뤼싱 마?

B : 네. 혼자 여행 중이에요.
是的。我在自己旅行。
Shède. wǒ zài zìjǐ lǚxíng.
쓰더. 워 짜이 쯔지 뤼싱.

生生 상황 표현 

 **클럽에서**

➥ 혼자 오셨어요?
自己来的吗？
Zìjǐ láide ma?
쯔지 라이더 마?

➥ 만나서 반가워요.
认识你很高兴。
Rènshi nǐ hěn gāoxìng.
런쓰니 헌 까오씽.

➥ 음악이 좋네요.
音乐不错。
Yīnyuè búcuò.
인웨 부춰.

➥ 우리 춤출까요?
我们跳舞吧？
Wǒmen tiàowǔ ba?
워먼 티야우 바?

➥ 맥주 두 병이요.
两瓶啤酒。
Liǎngpíng píjiǔ.
량핑 피져우.

관 광

☞ 좋은 카지노를 추천해 주세요.
请给我介绍一个不错的赌场。
Qǐng gěiwǒ jièshào yíge búcuòde dǔchǎng.
칭게이워 찌에사오 이거 부춰더 두창.

☞ 몇 시에 문 열죠?
几点开门？
Jǐ diǎn kāimén?
지 디엔 카이먼?

☞ 24시간 영업합니다.
二十四小时营业。
Èrshíshì xiàoshí yíngyè.
알스쓰 샤오스 잉예.

☞ 이 게임은 어떻게 하죠?
这个怎么玩儿？
Zhège zěnme wánr?
쩌거 전머 와알?

☞ 현금으로 부탁합니다.
请换成现金。
Qǐng huàn chéng xiànjīn.
칭 환청 씨엔진.

- 赌场 (두창) 카지노
- 营业 (잉예) 영업
- 现金 (씨엔진) 현금

스키를 타고 싶어요.
我想滑雪。
Wǒxiǎng huáxuě.
워 샹 화쉐.

골프를 치고 싶은데요.
我想打高尔夫球。
Wǒ xiǎng dǎ gāoʼěrfū qiú.
워샹 다 까오얼푸 쳐우.

골프 클럽을 어디서 빌릴 수 있나요?
在哪儿借高尔夫球棒？
Zài nǎr jiè gāoʼěrfū qiú bàng?
짜이 나알 찌에 까오얼푸 쳐우빵?

골프장 이용료가 얼마죠?
高尔夫球场使用费是多少？
Gsāoʼěrfū qiúchǎng shǐyòngfèi shì duōshǎo?
까오얼푸 쳐우창 스융페이 스 뚜어사오?

스쿠버 다이빙을 하고 싶어요.
我想潜水。
Wǒ xiǎng qiánshuǐ.
워 샹 치엔수이.

• 운동기구의 명칭

① 테니스라켓   网球拍(왕쳐우파이)

② 볼링공   保龄球(바오링쳐우)

③ 아이스 스케이트   滑冰鞋(화빙시에)

④ 무릎보호대   护胫(후찡)

⑤ 야구방망이   棒球棍(빵쳐우꾼)

⑥ 야구글로브   棒球手套(빵쳐우서우타오)

⑦ 스키폴   滑雪道(화쉐따오)

⑧ 풋볼헬멧   橄榄球头盔(간란쳐우터우쿠이)

관

광

• 중국의 국경일

■ 国际劳动节(귀찌로우뚱지에 : 국제노동절)

양력 5월 1일이며 세계노동자기념일입니다. 시카고 노동자들이 자본가의 착취에 저항해 집단궐기한 날을 기념하여 1889년 엥겔스가 소집한 제2인터내셔널 성립대회에서 제정하였으며 일명 메이데이라고 합니다. 이 날에는 학생들을 제외하고 모든 직장인들이 쉽니다.

■ 青年节(칭니엔지에 : 청년절)

양력 5월 4일로 1919년 반제국주의, 반봉건주의 운동의 촉진제가 되었던 5.4운동을 기념하고 청년들이 5.4운동의 정신을 이어받자는 취지에서 생긴 기념일입니다. 중국에서 중요한 기념일에 속하지만 휴일은 아닙니다.

■ 儿童节(얼퉁지에 : 아동절)

우리나라는 5월 5일이 어린이날이지만 중국을 포함한 세계 여러 나라는 6월 1일을 어린이를 위한 날로 정해 기념하고 있습니다. 이 날은 전 세계 아동의 권익을 보호하고 아동 학대를 추방하자는 취지에서 제정되었습니다.

중국의 일반적인 가정에는 자녀를 1명만 두고 있어 '어린이는 소황제(小皇帝)다.'라는 말이 있을 정도로 어린이를 끔찍이 위하기 때문에 1년 365일이 어린이날이라 해도 과언이 아닙니다. 이 날에는 모든 초등학교에서 수업을 하지 않으며 초등학생들은 새 옷을 입고 등교하여 학교행사에 참석합니다.

■ 国庆节(궈칭지에 : 국경절)

양력 10월 1일이며 1945년 10월 1일 중화인민공화국 선포를 기념하는 날입니다. 중국의 큰 국경절 가운데 하나이며 학생을 제외한 모든 직장인은 이 날을 전후로 일요일을 포함해 일주일을 쉽니다.

관
광

AIR

Chapter **08**

전화/우편/은행/PC방 이용하기

여행을 하다 보면 구입한 물건을 한국에 미리 보내기 위해 우체국을 이용하기도 하고, 송금을 하거나 받기 위해 은행을 이용하기도 합니다. 또한 여행을 하는 동안 한국에 연락하기 위해 전화와 인터넷을 사용하기도 하는데요, 한국은 대부분 가정에도 초고속 인터넷이 설치되어 있지만 국토가 넓은 중국에서는 아직도 인터넷이 보급되어 있는 도시가 많지 않습니다.

KEY Expressions

01 한국에 전화를 걸고 싶은데요.
我想往韩国打个电话。
Wǒ xiǎng wǎng Hánguó dǎge diànhuà.
워 샹 왕 한궈 다거 띠엔화.

장거리전화를 걸다 打长途电话 dǎchángtúdiànhuà 다 창투 띠엔화	수신자부담 전화를 걸다 打对方付费 dǎduìfāngfùfèi 다 뚜이팡 푸페이	김씨와 통화하다 跟金通电话 gēnJīntōngdiànhuà 껀진 퉁띠엔화
소포를 부치다 寄包裹 jìbāoguǒ 찌바오궈	편지를 부치다 寄信 jìxìn 찌신	인터넷을 하다 上网 shàngwǎng 쌍왕
출금하다 取款 qǔkuǎn 취콴	송금하다 汇款 huìkuǎn 후이콴	입금하다 纯钱 chúnqián 춘치엔

02 우체국이 어디 있나요?
邮局在哪儿?
Yóujú zài nǎr?
여우 쥐 짜이 나알

우체통 邮箱 yóuxiāng 여우샹	은행 银行 yínháng 인항	현금지급기 现钞机 xiànchāojī 씨엔차오지	공중전화 公用电话 gōngyòngdiànhuà 공융띠엔화	피시방 网巴 wǎngba 왕빠
전화카드 파는 곳 卖电话卡的地方 màidiànhuàkǎdedìfang 마이 띠엔화카더 띠팡	동전 바꿀 수 있는 곳 换铜钱的地方 huàntóngqiándedìfang 환 퉁치엔더 띠팡	인터넷 쓸 수 있는 곳 可以上网的地方 kěyǐshàngwǎngdedìfang 커이 쌍왕더 띠팡		

03 한국으로 보내는 우표가 얼마죠?
寄往韩国的邮票是多少钱？
Jì wǎng Hánguóde yóupiào shì duō shaoqián?
찌 왕 한궈더 여우퍄오 스 뚜어 사오치엔?

국제전화카드	등기우편	항공우편
国际电话卡	挂号邮件	航空邮件
guójìdiànhuàkǎ	guàhàoyóujiàn	hángkóngyóujiàn
궈찌띠엔화카	꽈하오여우찌엔	항쿵여우찌엔

04 환전할 때 반드시 알아야 할 표현

원화로 얼마죠?
韩币多少钱？
Hánbì duōshao qián?
한삐 뚜어사오 치엔?

중국 인민폐와 한국 원화의 환율이 얼마죠?
人民币和韩币的汇率是多少？
Rénmínbì hé hánbì huìlǜ shì duōshao?
런민삐 허 한삐 더 후이뤼 스 뚜어사오?

전화 이용하기

중국의 공중전화에는 카드식 공중전화와 관리인에게 직접 돈을 지불하고 쓰는 공중전화가 있습니다. 카드식 공중전화는 도시를 제외하고는 많이 설치되어 있지 않으므로 전화사용과 관련된 표현을 꼭 알아두는 것이 좋습니다.

生生회화

A : 실례합니다. 공중전화가 어디에 있습니까?
对不起，公用电话在哪儿?
Duìbuqǐ, gōngyòng diànhuà zài nár?
뚜이부치 꽁용 띠엔화 짜이 나알?

B : 바로 저기에 있습니다.
就在那儿。
Jiù zài nàr.
찌우 짜이 날.

A : 정말 감사합니다
非常感谢。
Fěi cháng gǎn xiè.
페이창 간 씨에.

B : 천만에요.
哪里哪里。
Nǎli nǎli.
나리 나리.

生生 상황 표현

공중전화 찾기와 이용하기

☛ 전화카드를 어디서 살 수 있나요?
电话卡在哪儿买?
Diànhuà kǎ zài nǎr mǎi?
띠엔화 카 짜이 나알 마이?

☛ 국제전화카드 한 장 주시겠어요?
给一张国际电话卡。
Gěi yìzhāng guójì diànhuàkǎ.
게 이장 궈찌 띠엔화 카.

☛ 어디서 잔돈을 바꿀 수 있나요?
在哪儿换零钱?
Zài nǎr huàn língqián?
짜이 나알 환 링치엔?

☛ 이 전화기로 국제전화를 걸 수 있나요?
这电话能打国际长途吗?
Zhè diànhuà néng dǎ guójì chángtú ma?
쩌 띠엔화 넝다 궈찌 창투 마?

전화걸기

☛ 한국으로 전화를 어떻게 걸죠?
怎么往韩国打电话?
Zěnme wǎng Hánguó dǎ diànhuà?
전머 왕 한궈 다 띠엔화

- 国际长途(궈찌띠엔화) 국제전화
- 市内电话(스네이띠엔화) 시내전화
- 长途电话(창투띠엔화) 장거리전화
- 打电话(다띠엔화) 전화를 걸다
- 挂电话(꽈띠엔화) 전화를 끊다

시설이용

☛ 한국으로 수신자부담 전화를 하고 싶은데요.
我想往韩国打对方付费。
Wǒ xiǎng wǎng Hánguó dǎ duìfāng fùfèi.
워 샹 왕 한궈 다 뚜이팡푸페이.

☛ 장거리전화의 요금을 알고 싶어요.
我想知道长途电话起价是多少。
Wǒ xiǎng zhīdào chángtúdiànhuà qǐjià shì duōshao.
워 샹 즈따오 창투디엔화 치쨔 스 뚜어사오.

☛ 한국의 국가번호가 뭐죠?
韩国的国家号儿是多少？
Hánguóde guójiāhàor shì duōshao?
한궈더 궈쟈 하올 스 뚜어사오?

☛ 북경의 지역번호가 뭐죠?
北京的地区号儿是多少？
Běijīngde dìqūhàor shì duōshao?
베이징더 띠취하올 스 뚜어사오?

☛ 여보세요, 베이징호텔이죠?
喂，是北京饭店吗？
Wéi, shì Běijīng fàndiàn ma?
웨이 쓰 베이징 판띠엔 마?

☛ 김여사와 통화할 수 있을까요?
能跟金女士通话吗？
Néng gēn Jīn nǚshì tōnghuà ma?
넝 껀 진뉘쓰 퉁화 마?

☛ 왕선생님 부인이신가요?
是王夫人吗？
Shì Wángfūrén ma?
쓰 왕푸런 마?

☛ 왕선생님 계세요?
王先生在吗？
Wáng xiānshēng zài ma?
왕 시엔성 짜이 마?

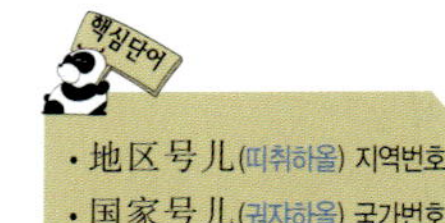

- 地区号儿 (띠취하올) 지역번호
- 国家号儿 (궈쟈하올) 국가번호

전화 받기

➥ 여보세요. 진입니다.
喂。我是JIN。
Wéi. Wǒshì JIN.
웨이 워쓰 진.

➥ 누구시죠?
您是谁?
Nín sì shéi?
닌 쓰 세이?

➥ 누굴 찾으시죠?
您找谁?
Nín zhǎo shéi?
닌 자오 세이?

➥ 잠시만 기다리세요.
请稍等。
Qǐng shāo děng.
칭 사오 덩.

➥ 조금 천천히 말씀해 주세요.
请您慢点说。
Qǐng nín màndiǎn shuō.
칭 닌 만디엔 쉮.

➥ 메모를 남기시겠어요?
留言吗?
Liú yán ma?
려우 옌 마?

- 喂 (웨이) 여보세요
- 慢点 (만디엔) 천천히
- 大声 (따셩) 큰 소리

• 중국인이 좋아하는 숫자

중국인이 좋아하는 숫자는 발음과 관련되어 있습니다. 중국인들이 가장 좋아하는 숫자는 8, 9, 6입니다.

8(八) : 숫자'八(빠)'는 '재물이 생기다'라는 뜻의 '发财(파차이)'의 '发(파)'와 발음이 비슷하고 '돈이 벌린다'란 뜻이 포함되어 있어 중국인들이 가장 좋아하는 숫자입니다.

9(九) : 숫자 '九(져우)'는 '오래다' 라는 뜻의 '久(져우)'와 발음이 같아 장수를 뜻합니다.

6(六) : 숫자六(려우)는 '순조롭다' 라는 뜻의 '流(리우)'와 발음이 비슷하여 '순조롭다, 일이 잘 풀린다' 라는 뜻으로 여겨집니다. '六六大順(려우려우다쑨)' 이란 말은 바로 '모든 일이 뜻대로 된다' 라는 뜻입니다.

• 중국인이 싫어하는 숫자

4(四) : 숫자 四(쓰)와 죽다(死 쓰)는 발음이 거의 똑같아 우리나라와 마찬가지로 죽음을 상징하며 불행을 가져다주는 불길한 숫자로 여깁 니다.

우체국 이용하기

여행 중 친구, 또는 가족에게 엽서나 편지를 보내려면 호텔 프런트의 우편서비스를 이용할 수 있지만 호텔이 아닌 다른 곳에 숙박을 하거나 우편서비스를 제공하지 않는 경우, 또는 여행 중 짐을 덜기 위해 한국으로 소포를 부치려면 우체국에 가야합니다.

生生회화

A : 이 소포를 항공우편으로 한국에 보내고 싶은데요.
我想把这包裹空运到韩国。
Wǒ xiǎngbǎ zhè bāoguǒ kōngyùn dào Hánguó.
워 샹 바 쩌 바오궈 쿵윈 따오 한궈.

B : 저울 위에 올려주세요.
请放在称上。
Qǐng fàngzài chèngshàng.
칭 팡짜이 청상.

A : 얼마죠?
多少钱？
Duō shao qián?
뚜어 사오 치엔?

B : 100위엔입니다.
一百元。
Yì bǎi yuán.
이 바이 위엔.

A : 감사합니다.
谢谢。
Xièxie
씨에시에.

한국으로 보내는 우편물이라면 국가명을 제외한 주소는 한국어로 써도 상관없습니다.

시설이용

生生 상황 표현

우체국 찾기

☞ 제일 가까운 우체국이 어디죠?
最近的邮局在哪儿?
Zuìjìn de yóujú zài nǎr?
쭈이 찐더 여우쥐 짜이 나알?

☞ 일요일에도 우체국이 문을 여나요?
邮局星期天也开门吗?
Yǒujú xīngqītiān yě kāimén ma?
여우쥐 싱치티엔 예 카이먼 마?

☞ 우체통이 어디 있나요?
信箱在哪儿?
Xìnxiāng zài nǎr?
씬샹 짜이 나알?

☞ 어디에서 물건을 부치나요?
在哪儿寄东西?
Zài nǎr jì dōngxi?
짜이 나알 찌 둥시?

☞ 이거 어떻게 쓰나요?
这个怎么写?
Zhège zěnme xiě?
쩌거 전머 시에?

- 最近的(쭈인찐더) 가장 가까운, 최근의
- 最远的(쭈이웬더) 가장 먼
- 信箱(씬샹) 우체통

편지나 소포보내기

▶ 등기우편으로 보내주세요.
我要用挂号邮件寄。
Wǒ yào yòng guàhào yóujiàn jì.
워 야오 융 꽈하오 여우찌엔 찌.

▶ 빠른 우편으로 보네주세요.
请用快递。
Qǐng yòng kuài dì.
칭 융 콰이띠.

▶ 안에 뭐가 들어있죠?
里边是什么?
Lǐbiān shì shénme?
리비엔 스 선머?

▶ 와인입니다.
葡萄酒。
Pú táo jiǔ.
푸 타오 져우.

▶ 깨지기 쉬운 물건입니다.
容易碎。
Róng yì suì.
룽 이 쑤이.

▶ 항공이요, 아니면 선박우편이요?
空运还是海运?
Kōngyùn háishì hǎiyùn?
쿵윈 하이쓰 하이원?

▶ 선편으로 보내면 한국까지 얼마나 걸릴까요?
海运到韩国需要多长时间?
Hǎiyùn dào Hánguó xūyào duōcháng shíjiān?
하이원 따오 한궈 쉬야오 뚜어창 스지엔?

• 碎(쑤이) 깨지다
• 坏(화이) 망가지다

시설이용

• 우편서비스 필수 단어

① 반송주소　寄件人地址 (찌지엔렌띠즈)

② 우편주소　邮件地址 (여우찌엔띠즈)

③ 우체국 소인　邮戳 (여우추어)

④ 우표　邮票 (여우퍄오)

⑤ 우체부　邮递员 (여우띠위엔)

⑥ 소포　邮包 (여우바오)

⑦ 속달우편　快递 (콰이띠)

⑧ 등기　挂号 (꽈하오)

은행이용하기

환전을 하거나 한국으로부터 송금 받을 때는 은행을 이용해야만 합니다. 단기체류를 한다면 은행 계좌를 개설할 필요가 없지만 장기체류를 하는 경우에는 현금을 직접 보관하는 것보다 계좌를 개설해 가진 돈을 예금하는 것이 안전합니다.

生生회화

A : 여행자수표를 환전할 수 있나요?
旅行支票可以换成现金吗?
Lǚxíng zhīpiào kěyǐ huànchéng xiànjīn ma?
뤼싱 쯔퍄오 커이 환청 씨엔찐 마?

B : 얼마를 환전하고 싶으세요?
您换多少?
Nín huàn duōshǎo?
닌 환 뚜어사오?

A : 500위엔이요.
五百元。
Wǔ bǎi yuán.
우 바이 위엔.

B : 어떻게 바꿔드릴까요?
您想怎么换?
Nín xiǎng zěnme huàn?
닌 샹 전머 환?

A : 백 원짜리 두 장과 오십 원짜리 네 장으로 주세요.
一百的两张五十的四张。
Yìbǎi de liǎngzhāng wǔshíde sìzhāng
이바이 더 량장 우스 더 쓰장.

B : 네.
可以。
Kěyǐ.
커이.

• 现金 (씨엔찐) 현금

시설이용

生生 상황 표현

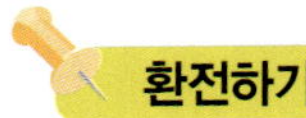

환전하기

☞ 이 창구가 여행자수표를 현금으로 바꾸는 곳인가요?
这个柜台给换旅行支票吗?
Zhège guìtái gěi huàn lǚxíng zhīpiào ma?
쩌거 꾸이타이 게이 환 뤼싱 쯔퍄오 마?

☞ 환율이 어떻게 되죠?
汇率是多少?
Huìlù shì duōshao?
후이뤼 쓰 뚜어사오?

☞ 제 여행자수표를 도난당했어요.
我的旅行支票被盗了。
Wǒde lǚxíng zhīpiào bèi dàole.
워더 뤼싱 쯔퍄오 뻬이 따오러.

☞ 50위엔을 잔돈으로 바꿔주세요.
请把50的换成零钱。
Qǐng bǎ wǔshíde huànchéng língqián.
칭 바 우스더 환청 링치엔.

☞ 이 지폐를 동전으로 바꿔주시겠어요?
能把纸币换成硬币吗?
Néng bǎ zhǐbì huànchéng yìngbì ma?
넝 바 즈삐 환청 잉삐 마?

☞ 원화를 인민폐로 바꿔주세요.
请把韩币换成人民币。
Qǐng bǎ hánbì huànchéng rénmínbì.
칭바 한삐 환청 런민삐.

은행계좌 만들기

▶ 신규계좌를 개설하고 싶은데요.
我想新开个帐户。
Wǒ xiǎng xīn kāige zhànghù.
워 샹 신 카이거 짱후.

▶ 저축예금계좌를 개설하고 싶은데요.
开个储金帐户。
Kāige chǔjīn zhànghù.
카이거 추진 짱후.

▶ 5위엔으로도 계좌개설이 가능한가요?
五块钱也能开帐户吗?
Wǔkuàiqián yěnéng kāi zhànghù ma?
우콰이치엔 예넝 카이 짱후마?

▶ 이자율이 얼마나 되죠?
利息是多少?
Lìxi shì duōshao?
리시 스 뚜어사오?

▶ 이 신청서를 작성해주세요.
请填这张表。
Qǐng tián zhè zhāng biǎo.
칭 티엔 쩌 장 뱌오.

▶ 비밀번호를 눌러주세요.
请按密码。
Qǐng àn mìmǎ.
칭 안 미마.

▶ 계좌를 해지하고 싶은데요.
我想取消帐户。
Wǒxiǎng qǔxiāo zhànghù.
워 샹 취샤오 짱후.

- 储金帐户 (추진짱후) 저축예금계좌
- 利息 (리시) 이자
- 年利息 (니엔리시) 연이자
- 汇率 (후이뤼) 환율

시설이용

입금 / 출금 / 송금하기

- 입금을 하고 싶은데요.
  我想存款。
  Wǒ xiǎng cúnkuǎn.
  워 샹 춘콴.

- 50위엔을 예금하고 싶은데요.
  我想存五十块钱。
  Wǒ xiǎng cún wǔshí kuài qián.
  워 샹 춘 우스콰이 치엔?

- 30위엔을 출금하고 싶은데요.
  我想取三十块钱。
  Wǒ xiǎng qǔ sānshíkuài qián.
  워 샹 취 싼스콰이 치엔?

ATM 이용하기

- 이 기계를 어떻게 사용하는지 알려주시겠어요?
  怎么使用这个机器？
  Zhěnme shǐyòng zhège jīqì?
  쩐머 스융 쩌거 찌치?

- ATM을 이용해서 돈을 입금할 수 있나요?
  自动存取款机怎么取款？
  Zìdòngcúnqǔkuǎnjī zěnme qǔkuǎn?
  쯔둥춘취콴지 쩐머 취콴?

- 돈을 어디에 집어넣죠?
  往哪儿放钱？
  Wǎng nǎr fàngqián?
  왕 나알 팡 치엔?

- 카드의 유효기간이 만료되었습니다.
  卡的有效期到了。
  Kǎde yǒuxiàoqī dào le.
  카더 여우씨아오치 따오 러.

- 存款(춘콴) 입금하다
- 取款(취콴) 출금하다
- 自动存取款机(쯔둥춘취콴지)
  자동입출금기

• 중국에서 은행 통장개설시 필요한 서류

1. 통장개설신청서
2. 여권복사본 2부
3. 송금위탁서 1부
4. 송금하실 분 신분증사본 및 연락처

• 통장 개설 방법

중국의 은행에서 통장을 개설하려면 본인 여권을 가지고 은행에 가서 입금 용지(붉은색)에 입금하고자 하는 금액(인민폐 10위엔도 가능)을 써서 창구 직원에게 제출하고, 개설하고자 하는 통장의 종류와 출금시의 인출 방법을 선택(密码-비밀번호, 印鉴-인감, 无限制- 제한 없음 등)하면 됩니다.개 설 후 입금이나 출금 시 용지에 적을 필요 없이 창구에 가서 찾고자 하는 금 액이나 입금시키고자 하는 금액을 말하면 바로 처리할 수 있습니다.

• 중국은행 이용시 꼭 알아야할 단어

1. 一(壹이),　二(贰알),　三(参쌘),　　四(肆쓰), 五(伍우),　六(陆려우),
   七(柒치), 八(捌빠), 九(玖져우), 十(拾스), 百(伯바이), 千(仟치엔)

2. 저축　　　　储蓄(추쉬)

3. 저금/예금　存款(춘콴)

4. 돈을 찾다　取款(취콴)

5. 저축 종류　储种(추중)

6. 보통예금　活期(훠치)

7. 정기예금　定期(띵치)

8. 예금통장　存折(춘저)

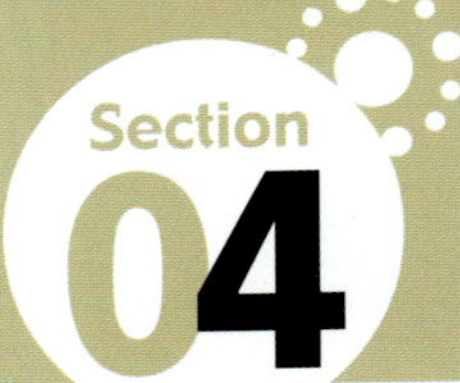

PC방 이용하기

PC방에서는 국제전화보다 저렴한 가격으로 인터넷을 이용해 한국에 소식을 전할 수 있어 장기여행을 할 때 매우 유용합니다. 중국에서는 아직도 모뎀으로 인터넷을 이용하는 곳이 많기 때문에 우리나라보다 인터넷 접속 속도가 느리지만 가격은 시간당 한화 250원~500원으로 싼 편입니다.

生生회화

A : 인터넷 좀 사용할 수 있을까요?
能使用因特网吗？
Néng shǐyòng yīntèwǎng ma?
넝 스용 인터왕 마?

B : 30분 쯤 기다리셔야 해요.
需要等30分钟。
Xūyào děng sānshífēnzhōng.
쉬야오 덩 산스펀중.

A : 한글입력이 가능한가요?
能打韩文吗？
Néng dǎ hánwén ma?
넝 다 한원 마?

B : 물론이죠.
当然。
Dāng rán.
땅 란.

대부분의 중국 PC방에는 여행객들이 정보를 교환할 수 있는 서비스가 많지 않기 때문에 사전에 여행객들이 자주 가는 PC방을 알아보고 가는 것이 좋습니다.

• 30分钟 (산스펀중) 30분

PC방 이용하기

▶ 가장 가까운 인터넷 카페가 어디 있어요?
最近的网巴在哪儿?
Zuìjìn de wǎngbā zài nǎr?
쭈이진더 왕빠 짜이 나알?

▶ 한 시간에 얼마죠?
一个小时多少钱?
Yígè xiǎoshí duōshǎo qián?
이거 샤오스 뚜어사오 치엔?

▶ 한글입력이 가능 한가요?
能打韩文吗?
Néng dǎ hánwén ma?
넝 다 한원 마?

▶ 스캐너를 쓸 수 있을까요?
能使用影像扫描器吗?
Néng shǐyòng yǐngxiàng sǎomiáoqì ma?
넝 스융 잉샹 사오먀오치 마?

▶ 컬러프린터 하는데 얼마죠?
彩印多少钱?
Cǎiyìn duōshao qián?
차이인 뚜어사오 치엔?

▶ 흑백은요?
黑白的呢?
Hēibái de ne?
헤이바이 더 너?

시설이용

☛ 컴퓨터를 어떻게 키나요?
怎么开机?
Zěnme kāiji?
전머 카이지?

☛ 아이콘을 더블클릭하세요.
请双击图标。
Qǐng shuāngjī túbiāo.
칭 쑤앙지 투뺘오.

☛ 이 컴퓨터가 좀 이상해요.
这电脑不正常。
Zhè diànnǎo bú zhèngcháng.
쩌 띠엔나오 부 쩡창.

☛ 작동이 되지 않아요.
不能运转。
Bùnéngyùnzhuǎn.
뿌넝 윈주안.

☛ 컴퓨터가 다운됐어요.
死机了。
Sǐ jī le.
스 지 러.

死机(스지) 컴퓨터가 다운되었을 때
사용하는 단어입니다.

☛ 바이러스에 감염되었어요.
被病毒感染了。
Bèi bìngdú gǎnrǎnle.
뻬이 뼁두 간란 러.

☛ 인터넷이 안 돼요.
不能上网。
Bù néng shàngwǎng.
뿌 넝 쌍왕.

☛ 글자가 다 깨졌어요.
成了乱码。
Chéngle luànmǎ.
청러 롼마.

☛ 이메일을 보내고 싶은데요.
我想发电子邮件。
Wǒ xiǎng fā diànzi yóujiàn.
워 샹 파 띠엔즈 여우지엔.

☛ 이 파일을 어떻게 첨부하죠?
怎么附加这文件？
Zěnme fùjiā zhè wénjiàn?
쩐머 푸쟈 쩌 원지엔?

☛ 싸이트 주소가 뭐죠?
网站地址是什么？
Wǎngzhàn dìzhǐ shì shénme?
왕짠 띠즈 스 선머?

☛ 이거 재부팅해도 될까요?
这个可以重新起动吗？
Zhège kěyǐ chóngxīn qǐdòng ma?
쩌거 커이 충신 치둥 마?

• 컴퓨터 관련 용어

① 인터넷　　　　　因特网(인터왕)

② 초고속통신망　　宽带网(콴따이왕)

③ 인터넷게임　　　网络游戏(왕뤄여우씨)

④ 채팅방　　　　　聊天室(랴오티엔쓰)

⑤ 채팅　　　　　　聊天(랴오티엔)

⑥ 인터넷을 하다　上网(쌍왕)

⑦ 편지함　　　　　信箱(씬샹)

⑧ 검색하다　　　　搜索(서우쉬)

⑨ 아이디　　　　　用户名(융후밍)

⑩ 비밀번호　　　　密码(미마)

⑪ 첨부파일　　　　附件(푸찌엔)

⑫ 첨부파일　　　　网页(왕예)

⑬ 업그레이드　　　升级(성지)

⑭ 프린터기　　　　打印机(다인지)

⑮ 노트북　　　　　笔记本电脑(비찌번띠엔나우)

⑯ 이미지사진　图片(투피엔)

⑰ 컬러이미지　彩图(차이투)

⑱ 웹사이트　网站(왕짠)

⑲ 아이콘　图标(투빠오)

⑳ 카테고리　栏目(란무)

㉑ 도메인　域名(위밍)

㉒ 로그인　登陆(덩루)

㉓ 로그오프　退出(투이추)

㉔ 이메일　电子邮件(디엔즈여우찌엔)

㉕ 게시판　公告板(궁까오반)

㉖ 깨진 글자　乱码(롼마)

㉗ 바이러스　病毒(삥두)

㉘ PC방　网吧(왕빠)

㉙ 클릭　单机(딴지)

㉚ 다운로드　下载(씨아자이)

• 중국인의 호칭

■ 중국어는 상대를 부르는 호칭으로 친밀함을 판단합니다.

중국인이 서로 인사를 할 때 호칭을 들어보면 대략 그들의 친숙한 정도를 알 수 있습니다. 서로 잘 아는 사이에는 성(姓)앞에 小(샤오)나 老(라우)를 넣어 부르는데, 동년배나 나이가 어린 사람에게는 小(샤오), 연장자에게는 老(라우)를 붙입니다. 여러분이 중국인 친구를 사귀게 된다면 서로 친해진 다음에 이렇게 불러보기 바랍니다. 더욱 빠른 시간에 서로 가까워질 수 있습니다.

■ 小姐와 先生

영어의 미스(Miss), 미스터(Mister)를 우리나라에서 ~양, ~군으로 부르듯이 중국에서는 성 뒤에 小姐(샤오지에)와 先生(시엔성)을 붙여 상대방을 호칭합니다. 예를 들어 성이 장(张)씨인 경우 미혼여성은 '张小姐'라고 부르는 것입니다. 이것은 상대의 이름을 부르면 예의가 없으며 무시한다고 생각하는 동양적인 사고방식에서 유래된 것입니다.

■ 아주머니와 이모는 뭐라고 부르지?

중국에서는 이모를 '阿姨(아이)'라고 합니다. 이는 처음 보는 여성에게도 쓰여 우리나라 말로 아주머니 또는 아줌마라는 의미로도 해석되는데, 간혹 한국남성들이 음식점이나 술집에서 일하시는 나이든 여종업원이나 여주인을 이모라고 부르는데 이는 중국인과 한국인의 비슷한 정서라 할 수 있습니다. '阿姨(아이)'는 경우에 따라 아주 어린 아이들이 젊은 여성을 부를 때도 자주 쓰입니다.

■ 작은아버지는 아저씨?

우리나라에서는 처음 보는 남자를 보통 '아저씨'라고 부릅니다. 중국에서 이에 해당하는 말이 바로 叔叔(수수)입니다. 叔叔는 원래 작은아버지라는 뜻이지만 친척의 호칭을 빌어 다른 사람을 호칭하는 중국인의 습관에 따라 의미가 파생되어 나온 것으로 보고 있습니다.

■ 친구의 부모님은 모두 큰아버지, 큰어머니로 부른다?

伯父(버푸), 伯母(버무)는 원래 큰아버지, 큰어머니를 뜻하는 말입니다. 우리나라는 친구부모님도 자신의 부모와 같다고 하여 '아버님, 어머님'이라고 부르지만 중국에서는 좀 더 격을 높여 이렇게 호칭합니다. 중국인이 친구집에 방문하여 친구의 부모님이 계시면 보통 '伯父好(버푸하오), 伯母好(버무하오)'라고 인사합니다.

시설이용

Chapter 09

귀국하기

항공권을 예약했더라도 깜빡하고 재확인을 하지 않으면 예약이 취소되는 경우가 있으니 귀국 날짜가 확정되면 출발 72시간 전에 반드시 항공권 예약을 재확인해야 합니다. 또한, 출발 당일에는 공항에 2시간 전에 미리 도착해 체크인을 하고 여유롭게 면세점을 이용한 후 여행을 성공적으로 마무리하도록 합시다.

KEY Expressions

01 예약을 확인하고 싶은데요.
我想确认一下预约项目。
Wǒ xiǎng quèrèn yíxià yùyuēxiàngmù.
워 샹 췌렌 이샤 위웨 쌍무.

한국행 항공권을 예약하다 订……去韩国的飞机票 dìng……qùHánguódefēijīpiào 띵……취한궈더페이지퍄오	예약을 취소하다 取消……预约 qǔxiāo……yùyuē 취샤오……위웨
예약시간을 변경하다 改……预约时间 gǎi……yùyuēshíjiān 박물……위웨스지엔	출발시간을 확인하다 确认……出发时间 quèrèn……chūfāshíjiān 기회……추파스지엔
수속을 밟다 办……手续 bàn……shǒuxù 빤……서우쉬	짐을 부치다 拖运……行李 tuōyùn……xíngli 퉈윈……싱리

항공권 예약

귀국일이 확정되면 항공권을 예약합니다. 한국에서 왕복항공권을 구입했다면 반드시 예약확인을 하도록 하고 출국 당일에는 공항에 2~3시간 전에 도착할 수 있도록 준비하는 것이 좋습니다.

生生회화

A : 예약을 재확인하고 싶은데요.
我想再确认一下预订的机票。
Wǒ xiǎng zài quèrèn yíxià yùdìng de jīpiào.
워 샹 짜이 췌렌이샤 위띵 더 지퍄오.

B : 항공편명과 출발시간을 말씀해주세요.
请说一下航班号和出发时间。
Qǐng shuōyíxià hángbānhào hé chūfāshíjiān.
칭 숴이샤 항빤하오 허 추파 스지엔.

A : 3월 3일 인천행 KE403편이요.
三月三号去仁川的KE403次航班。
Sānyuèsānhào qù Rénchuānde KE sìlíngsān cì hángbān.
싼웨싼하오 취 렌촨더 케이이 쓰링산 츠 항빤.

B : 확인되었습니다.
已确认。
Yǐ qué rèn.
이 췌 렌.

A : 감사합니다.
谢谢。
Xièxie.
씨에시에.

- 再确认(짜이췌렌) 재확인하다
- 出发(추파) 출발
- 到达(따오다) 도착

항공권 예약 / 확인하기

☛ 여보세요, 중국항공이죠?
喂，是中国航空公司吗？
Wéi, shì Zhōngguó hángkōng gōngsī ma?
웨이, 쓰 쭝궈 항쿵꿍스 마?

☛ 한국 인천으로 가는 항공편을 예약하고 싶은데요.
我想订一张去韩国仁川的飞机票。
Wǒxiǎng dìng yìzhāng qù Hánguó Rénchuān de fēijīpiào.
워 샹 띵 이장 취 한궈 렌촨 더 페이지퍄오.

☛ 왕복항공권입니다.
是往返票。
Shì wǎngfǎn piào.
쓰 왕판 퍄오.

☛ 1년짜리 오픈티켓입니다.
我的飞机票有效期是一年。
Wǒde fēijīpiào yǒuxiàoqī shì yìnián.
워더 페이지퍄오 여우씨아오치 쓰 이니엔.

有效期是一年(여우씨아오치쓰이니엔 : 유효기간이 일 년이다.) 중국에는 오픈티켓이라는 용어가 따로 없으며, 유효기간이 얼마 남은 티켓이라고 말합니다.

☛ 한국행 항공편이 있나요?
有去韩国的航班吗？
Yǒu qù Hánguó de hángbān ma?
여우 취 한궈 더 항빤 마?

☛ 다른 항공편은 없나요?
有别的航班吗？
Yǒu biéde hángbān ma?
여우 비에더 항빤 마?

☛ 편명을 말씀해주세요.
请说一下航班号。
Qǐng shuō yíxià hángbān hào.
칭 쉬이샤 항빤 하오.

- 往返票(왕판퍄오) 왕복티켓
- 单程票(단청퍄오) 편도티켓

몇 시부터 수속이 시작되나요?
几点开始办理登机手续？
Jǐdiǎn kāishǐ bànlǐ dēngjī shǒuxù?
지 디엔 카이스 빤리 덩지 서우쒸?

출발시간이 언제입니까?
出发时间是几点？
Chūfā shíjiān shì jǐdiǎn?
추파 스지엔 스 지디엔?

예약 / 변경 취소하기

예약 변경이 가능한가요?
可以改预约时间吗？
Kěyǐ gǎi yùyuē shíjiān ma?
커이 가이 위웨 스지엔 마?

어떻게 변경하고 싶으십니까?
您想怎么改？
Nín xiǎng zěnme gǎi?
닌 샹 전머 가이?

그냥에 떠나고 싶어요.
我想下午出发。
Wǒ xiǎng xiàwǔ chūfā.
워 샹 씨아우 추파.

항공편예약을 취소하고 싶어요.
我想取消航班。
Wǒ xiǎng qǔxiāo hángbān.
워샹 취샤오 항빤.

다른 항공사를 확인해주시겠어요?
能给我查一下别的航空公司吗？
Néng gěiwǒ cháyíxià biéde hángkōnggōngsi ma?
넝 게이워 차이샤 비에더 항쿵꿍스 마?

· 出发时间(추파스지엔) 출발시간
· 到达时间(따오다스지엔) 도착시간

• 외국에서 출국절차

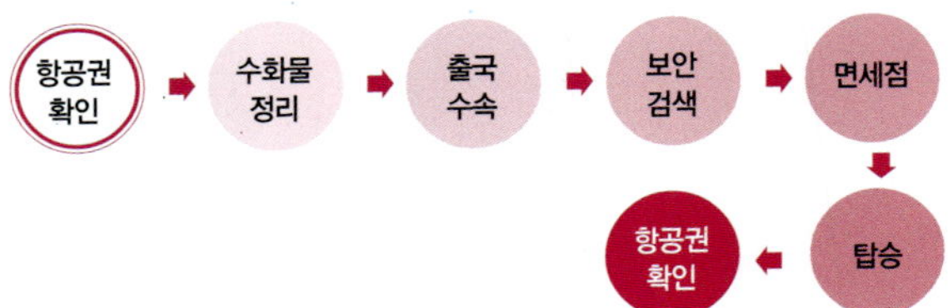

• 항공권확인
여행이 끝나고 출국일이 확정되면 항공권을 확인하는 것이 가장 중요합니다. 깜빡하고 예약을 확인하지 않는다면 예약이 취소될 수도 있습니다. 여행일정을 변경하고 싶은 경우에는 출국일 72시간 전에 항공사에 연락해 예약을 취소하고 원하는 날짜의 항공권을 예약합니다. 출국일이 아니라 목적지를 변경해야 하는 상황이라면 목적지 변경 수속을 따로 해야 하며, 만약 구입한 항공권이 단체로 구입한 할인항공권이라면 목적지 변경이 불가능할 수도 있습니다.

• 수하물 정리
여행을 마치고 출국을 할 때는 짐이 늘어나기 마련입니다. 짐을 쌀 때 필요없는 물건은 과감히 버려 탑승허용량을 초과하지 않도록 합시다. 여권과 항공권, 현금 등 중요한 물건은 항상 몸에 지니는 것이 좋습니다.

• 출국수속
공항에는 출국시간 2시간 전에 도착하는 것이 좋습니다. 출국신고는 자신이 이용할 항공사 카운터에 항공권과 여권, 그리고 입국할 때 적었던 출입국신고서를 제시하고 부칠 짐이 있으면 무게를 단 후에 꼬리표를 받아 잘 보관합니다. 이 모든 절차가 끝난 후에 직원이 출입국신고서를 회수하고 탑승권을 주면 출국수속은 완료됩니다.

• 보안검색
주머니를 비운 후 휴대하고 있는 짐을 컨베이어에 올리고 금속 탐지기를 통과합니다. 비행기 내에는 폭발성 위험물질이나 날카로운 물건은 반입할 수 없습니다. 만약 보안요원이 가방검사를 요청하면 순순히 응하는 것이 번거로움을 피하는 길입니다.

• 면세점
여행 중 다 쓰지 못한 외화가 남아있다면 면세점에서 물건을 구입합니다.

• 탑승구 대기
탑승은 출발 20~30분 전에 시작됩니다. 출국수속이 끝나고 탑승권을 받으면 게이트를 미리 알아두고 늦어도 출발 10분 전에 탑승 게이트에 도착하도록 합니다.

• 탑승
승무원의 안내에 따라 비행기에 탑승한 후 짐을 앞좌석 아래에 있는 공간에 넣고 이륙을 기다립니다. 이코노미클래스(经济舱 : 징지창)를 구입했지만 간혹 비즈니스클래스(商务舱 : 상우창)의 좌석이 남는 경우 비즈니스클래스로 업그레이드되는 경우도 있습니다. 저렴한 값으로 좋은 서비스를 받으며 귀국한다면 그 여행은 더욱 만족스러울 것입니다.

출국

귀국할 때는 여행을 하는 동안 기념이 될 만한 물건을 모으거나 선물, 기념품 등 여러 가지 물건을 구입하기 때문에 짐이 늘어나기 마련입니다. 출국수속을 할 때 짐의 무게가 허용량을 초과하면 적지 않은 과징금이 부과되기 때문에 꼭 필요한 짐이 아니라면 과감히 포기하고 짐을 싸도록 합시다.

生生회화

A : 티켓을 보여주세요.
请出示机票。
Qǐng chūshì fēijìpiào.
칭 추쓰 페이지퍄오.

B : 여기 있습니다.
在这儿。
Zài zhèr
짜이 쩌얼.

A : 짐을 여기에 올려주세요.
请把行李放这儿。
Qǐng bǎ xíngli fàng zhèr.
칭 바 싱리 팡 쩌얼.

B : 알겠습니다.
好。
Hǎo.
하오.

# 生生 상황 표현

 **탑승수속과 수하물 체크**

◉ 대한항공 카운터가 어디죠?
大韩航空服务台在哪儿？
Dàhán hángkōng fúwùtái zài nǎr?
따한 항쿵 푸우타이 짜이 나알?

◉ 출국수속을 밟고 싶은데요.
我想办出国手续。
Wǒ xiǎng bàn chūguó shǒuxù.
워 샹 빤 추궈 서우쒸.

◉ 저는 서울행 KE 303편을 탑승합니다.
我坐飞往韩国首尔的KE303次航班。
Wǒ zuò fēiwǎng Hánguó Shǒuěr de KEsānlíngsān cì hángbān.
워 쭤 페이왕 한궈 서우얼 더 케이이 산링산 츠 항빤.

◉ 창가 자리로 부탁합니다.
请给我靠窗座位。
Qǐng gěi wǒ kàochuāng zuòwèi.
칭 게이 워 카오촹 쭤웨이.

➥ 제 친구와 함께 앉고 싶어요.
想和我的朋友坐一起。
Xiǎng hé wǒde péngyǒu zuòyìqǐ.
샹허 워더 펑여우 쮜 이치.

➥ 앞쪽에 앉고 싶어요.
我想坐前边。
Wǒ xiǎng zuò qiánbiān.
워 샹 쮜 치엔비엔.

➥ 이 짐을 부치겠습니다.
这个包我要拖运。
Zhège bāo wǒ yào tuōyùn.
쩌거 바오 워 야오 튀윈.

➥ 이건 제가 들고 탑승할 거예요.
这个我拿飞机上。
Zhège wǒ ná fēijī shàng.
쩌거 워나 페이지 상.

➥ 짐의 중량을 초과하면 얼마가 부과되나요?
超重的话多拿多少钱?
Chāozhòng dehuà duōná duōshao qián?
차오쫑 더화 뚜어나 뚜어사오 치엔?

➥ 탑승구가 어디죠?
登机口在哪儿?
Dēngjīkǒu zài nǎr?
덩지커우 짜이 나알?

➥ 몇 시에 탑승을 시작하나요?
几点开始登机?
Jǐdiǎn kāishǐ dēngjī?
지디엔 카이스 덩지?

귀 국

- 前(치엔) 앞
- 后(허우) 뒤
- 包(바오) 짐, 가방
- 超重(차오쫑) 무게를 초과하다

☞ 모든 물건을 여기에 놓아주세요.
请把所有的东西放在这儿。
Qǐng bǎ suǒyǒude dōngxi fàngzài zhèr.
칭 바 쉬여우더 둥시 팡짜이 쩌얼.

☞ 가방을 켄베이어 위에 올려주세요.
请把包放在行李转盘上。
Qǐng bǎ bāo fàngzài xíngli zhuànpán shàng.
칭 바 빠오 팡짜이 싱리 주안판 상.

☞ 13번 게이트가 어디죠?
13号登机口在哪儿?
Shísānhào dēngjīkǒu zài nǎr?
스싼하오 덩지커우 짜이 나알?

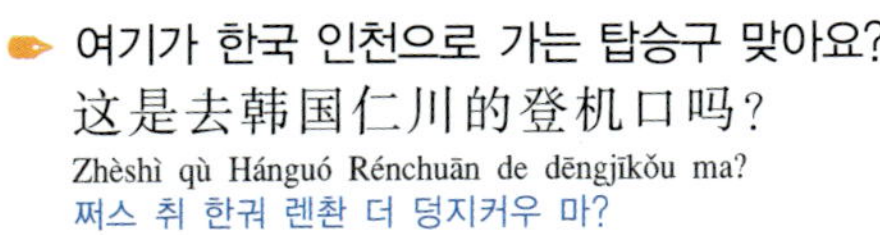

☞ 여기가 한국 인천으로 가는 탑승구 맞아요?
这是去韩国仁川的登机口吗?
Zhèshì qù Hánguó Rénchuān de dēngjīkǒu ma?
쩌스 취 한궈 렌촨 더 덩지커우 마?

☞ 예정시간대로 출발하나요?
按时出发吗?
Àn shí chūfāma?
안 스 추파마?

☞ 얼마나 지연되나요?
大概延迟多少分钟?
Dàgài yánchí duōshǎo fēnzhōng?
따가이 옌츠 뚜어사오 펀중?

☞ 지연되는 이유가 뭐죠?
飞机为什么晚点?
Fēijī wèi shénme wándiǎn?
페이찌 웨이 선머 완디엔?

• 한국 입국절차

신고서 작성 → 입국 심사 → 수하물 수취 → 세관 심사

• 검역신고서

동남아시아, 중동, 아프리카, 남아메리카에서 온 승객은 검역신고서를 작성해야 합니다.
또한, 여행 중 설사나 복통, 구토, 발열 등의 증세가 있으면 입국 시 즉시 검역관에게 신고해야 하며, 동물이나 축산물 또는 식물을 가지고 입국할 경우에는 수출국에서 발행한 동물검역증과 식물검역증을 제출해야 합니다.

• 입국신고서 작성

기내에서 작성한 입국신고서를 여권과 함께 준비해서 차례가 되면 심사대로 이동합니다.
※내국인은 입국신고서를 작성할 필요가 없습니다.

• 입국심사

한국인이라면 입국심사는 간단한 질문으로 끝이 납니다. 순서대로 줄을 서서 기다리다가 차례가 오면 미리 준비해둔 입국신고서와 여권을 제시합니다.

• 수하물 수취

입국심사가 끝나면 1층에 있는 수하물수취대로 이동한 후 이용한 항공편의 수화물 컨베이어에서 짐을 찾습니다. 대형수화물은 따로 마련된 대형 수하물수취대에서 찾아야 하며 만약 짐을 찾을 수 없다면 분실물센터에 신고합니다.

• 세관신고

세관에 신고 물품이 있는 경우에는 수하물을 찾아 세관신고지역으로 이동하여 여행자 휴대품신고서를 제출합니다. 세관 신고물품이 없는 경우에는 여행자 휴대품신고서에 인적사항과 세관신고 사항을 '없음'으로 표시하고 서명한 후 제출합니다. 만약 신고물품이 있는데 신고하지 않은 경우에는 관세법에 의한 처벌을 받습니다.

Chapter
10

긴급상황

여행 중 여권을 분실했다면?
지갑을 도난당했다면?
온몸에 두드러기가 난다면?
교통사고를 당했다면?
한밤중에 고속도로에서 자동차가 멈춘다면?
어떻게 하시겠습니까?
위 상황은 해외여행 도중 자신의 부주의나 실수로 또는
타인의 실수로 인해 누구에게나 일어날 수 있는 일입니다.
따라서 혹시 모를 사고나 긴급 상황에 대비해 기본적인
관련표현을 반드시 익혀둘 필요가 있습니다.

KEY Expressions

- ## 모르면 큰일나요!

01 여권을 잃어버렸어요.
我弄丢了护照。
Wǒ nòng diūle hùzhào.
워 눙 뎌우러 후짜오.

항공권 飞机票 fēijīpiào 페이지퍄오	지갑 钱包 qiánbāo 치엔바오	가방 包 bāo 바오
시계 表 biǎo 뱌오	방 열쇠 房间钥匙 fángjiānyàoshi 팡지엔야오스	국제운전면허증 国际驾驶证 guójìjiàshǐzhèng 궈찌쨔스쩡
신용카드 信用卡 xìnyòngkǎ 씬융카	카메라 照相机 zhàoxiàngjī 짜오쌍지	여행자수표 旅行支票 lǚxíngzhīpiào 뤼싱즈퍄오

02 머리가 아파요.
我头疼。
Wǒ tóu téng.
워 터우 텅.

이가 아프다 牙痛 yátòng 야퉁	배가 아프다 肚子痛 dùzitòng 뚜즈퉁	허리가 아프다 腰痛 yāotòng 야오퉁
목이 아프다 嗓子痛 sǎngzitòng 쌍즈퉁	열이 나다 发烧 fāshāo 파사오	소화불량 消化不良 xiāohuàbùliáng 샤오화뿌량

<table>
<tr>
<td>다리를 삐다
腿扭了
tuǐniǔle
투이녀우러</td>
<td>골절되다
骨折
gǔzhé
꾸저</td>
<td>설사하다
泻肚子
xièdùzi
씨에뚜즈</td>
</tr>
</table>

• 위급할 땐 외치세요!

<table>
<tr>
<td>도둑이야!
是盗贼!
Shìdàozéi!
쓰 따오제이!</td>
<td>소매치기 잡아라!
快抓小偷!
Kuàizhuāxiǎotōu!
콰이 좌 샤오터우!</td>
</tr>
<tr>
<td>경찰을 불러주세요!
快叫警察!
Kuàijiàojǐngchá!
콰이 쨔오 징차!</td>
<td>앰뷸런스 좀 불러줘요!
请叫一下救护车!
Qǐngjiàoyíxiàjiùhùchē!
칭 쨔오이샤 쪄우후처!</td>
</tr>
<tr>
<td>살려주세요!
救命啊!
Jiùmìng'a!
쪄우밍아!</td>
<td>도와주세요!
请帮一下忙!
Qǐngbāngyíxiàmáng!
칭 빵이샤 망!</td>
</tr>
</table>

분실 / 도난

여행 중 절대로 잃어버려서는 안 되는 물건이 여권입니다. 여권은 외국에서 자신의 신분을 증명할 수 있는 유일한 수단이기 때문이죠. 따라서 여권은 항상 몸에 지니고 만에 하나 분실했을 경우에 대비해 사본을 만들어 따로 보관해야 합니다.

生生회화

A : 분실물취급소가 어디 있는지 아세요?
您知道遗失物招领处在哪儿吗？
Nín zhīdào yíshīwù zhāolǐngchù zài nǎr ma?
닌 즈따오 이스우 자오링추 짜이 나알 마?

B : 뭘 잃어버리셨나요?
您丢了什么？
Nín diū le shénme?
닌 뎌우 러 선머?

A : 여권을 잃어버렸어요.
我丢了护照。
Wǒ diū le hùzhào.
워 뎌우 러 후짜오.

B : 어디서 잃어버렸어요?
在哪儿丢的？
Zài nǎr diūde?
짜이 나알 뎌우더?

A : 모르겠어요. 생각나지 않아요.
不知道。就是想不起来。
Bùzhīdào. jiùshì xiǎngbuqǐlái.
뿌즈다오. 쪄우스 샹부치라이.

B : 당장 한국대사관에 전화하세요.
请马上往韩国大使管打电话。
Qǐng mǎshàng wǎng Hánguó dàshǐguǎn dǎ diànhuà.
칭 마상 왕 한궈 따스관 다 띠엔화.

여권을 분실했을 경우에 즉시 경찰에 신고한 후 여권분실증명서를 발급받아 여권을 재발급 받아야 합니다. 재발급 기간은 2주에서 2달까지 걸릴 수 있기 때문에 주한대사관이나 총영사관에서 일단 여행증명서를 먼저 발급받고 그 후에 여권을 재발급 받는 것이 좋습니다.

生生 상황 표현

분실

☛ 분실물취급소가 어디죠?
请问遗失物招领处在哪儿？
Qǐngwèn yíshīwù zhāolǐngchù zàinǎr?
칭 원 이스우 자오링추 짜이나알.

☛ 카메라를 잃어버렸어요.
我丢了相机。
Wǒ diūle xiàngjī.
워 뎌우러 쌍지.

☛ 택시에 두고 내렸어요.
放出租车上了。
Fàng chūzūchē shàng le.
팡 추주처 상 러.

☛ 가방을 버스에 두고 내렸어요.
把包放在汽车上了。
Bǎ bāo fàngzài qìchē shàng le.
바 바오 팡짜이 치처 상 러.

☛ 어디서 잃어버렸는지 모르겠어요.
不知道在哪儿丢的。
Bùzhīdào zàinǎr diūde.
뿌즈다오 짜이 나알 뎌우더.

☛ 지갑 못 보셨나요?
您没有看到钱包吗？
Nín méiyǒu kàndào qiánbāo ma?
닌 메이여우 칸따오 치엔바오 마?

☛ 만약 찾으시면 이 번호로 전화주세요.
麻烦您要是找到的话，请往这儿打个电话。
Máfannín yàoshi zhǎodào de huà, qǐng wǎng zhèr dǎge diànhuà.
마판닌 야오쓰 자오따오더화, 칭 왕 쩌얼 다거 띠엔화.

핵심단어

• 遗失物招领处
(이스우자오링추)
분실물취급소

도난

- 도둑이야! 저놈 잡아라!
  是小偷！快捉住他！
  Shì xiǎotōu! kuài zhuōzhù tā!
  쓰 샤오터우 콰이 줘쭈 타!

- 주거침입(도둑)을 신고하고 싶은데요.
  我来报警，家里被盗了。
  Wǒ lái bàojǐng, jiāli bèidào le.
  워 라이 빠오징, 쟈리 뻬이 따오 러.

盗贼(따오제이) 집도둑

- 제 시계가 도난당했어요.
  我的表被偷了。
  Wǒde biǎo bèi tōule.
  워더 뱌오 뻬이 터우러.

- 누가 제 가방을 빼앗아갔어요.
  谁强了我的包。
  Shéi qiǎngle wǒde bāo.
  세이 챵러 워더 바오.

- 어떤 가방이었어요?
  是什么包？
  Shì shénme bāo?
  쓰 선머 바오?

- 갈색 여행가방이에요.
  是棕色的是旅行包。
  Shì zōngsède lǚxíng bāo.
  쓰 쭝써더 뤼싱 바오.

☛ 가방 안에 뭐가 들어있었나요?
包里有什么？
Bāoli yǒu shénme?
바오리 여우 선머?

☛ 여권이랑 돈이요.
护照和钱。
Hùzhào hé qián.
후짜오 허 치엔.

☛ 어디서 그런 일이 생긴 거죠?
在哪儿出的事故？
Zàinǎr chūde shìgù?
짜이 나알 추더 쓰구?

☛ 중국은행 근처에서요.
在中国银行附近。
Zài Zhōngguò yínháng fùjìn.
짜이 쭝궈 인항 푸진.

☛ 얼굴을 기억하시나요?
长的什么样儿？
Zhǎngde shénme yàngr?
장더 선머 양?

☛ 키가 180센티의 중년남자였고 검은색 옷을 입었어요.
个子是1米8的中年男子，穿的是黑色的衣服。
Gèzi shì yìmǐbāde zhōngnián nánzi, chuāndeshì hēisède yīfu.
꺼즈 쓰 이미빠더 쭝니엔난즈, 촨더쓰 헤이써더 이푸.

관광지에는 현금을 소지한 관광객만 노리는 소매치기 좀도둑이 많습니다. 만약에 대비해 주위를 경계하고 지갑은 손에 들고 다니지 말고 항상 몸에 지니거나 가방 속에 넣어둬야 합니다.

핵심단어

- 旅行包(뤼싱바오) 여행가방
- 书包(수바오) 책가방
- 文件包(원찌엔바오) 서류가방
- 附近(푸진) 근처
- 米(미) 미터

• 각종 범죄의 명칭

① 음주운전　　酒后驾驶 (져우허우쨔스)

② 조직폭력　　流氓集团 (려우망지퇀)

③ 불법마약　　毒品 (두핀)

④ 강도　　　　强盗 (챵따오)

⑤ 주거침입, 도둑　盗贼 (따오제이)

⑥ 폭력　　　　暴力 (빠오리)

⑦ 살인　　　　杀人 (싸렌)

사고

여행 중 교통사고를 당하거나 목격하면 즉시 경찰에 신고해야 합니다. 사고는 언제 어디서 누구에게나 일어날 수 있기 때문에 반드시 여행자 보험에 가입해 만에 하나 사고가 나는 경우 사고증명서를 발급받아 보험처리를 할 수 있도록 합니다.

生生회화

A : 교통사고가 났어요. 구급차를 보내주세요.
出了交通事故。快叫急救车。
Chūle jiāotōng shìgù. kuàijiào jíjiùchē.
추러 쟈오퉁 쓰구 콰이 쨔오 지쩌우처.

B : 위치가 어디입니까?
是什么地区?
Shì shènme dìqū?
쓰 선머 띠취?

A : 왕푸징 거리요.
王府井大街。
Wángfǔjǐng dàjiē.
왕푸징 따지에.

B : 부상인원은 몇 명이죠?
几人受伤?
Jǐ rén shòushāng?
지 렌 써우상?

A : 남자 한 명이 다리에서 피를 흘려요.
一位男子的腿上正在流血。
Yíwèi nánzi de tuǐshàng zhèngzài liúxiě.
이웨이 난즈 더 투이상 쩡자이 려우시에.

B : 지금 구급차가 곧 도착합니다.
急救车马上到。
Jíjiùchē mǎshàng dào.
지쩌우처 마상 따오.

• 流血(려우시에) 피가 흐르다

긴급상황

生生 상황 표현

교통사고

☞ 경찰을 불러주세요!
请叫一下警察！
Qǐng jiàoyíxià jǐngchá!
칭 쨔오이샤 징차!

☞ 위급 상황이에요.
是紧急情况。
Shì jǐnjí qíngkuàng.
쓰 진지 칭쾅.

☞ 구급차를 불러주세요.
请叫一下急救车。
Qǐng jiàoyíxià jíjiùchē.
칭 쨔오이샤 지쩌우처.

☞ 교통사고가 났어요.
出了交通事故。
Chūle jiāotōng shìgù.
추러 쨔오퉁 쓰꾸.

☞ 여기 부상당한 사람이 있어요.
这儿有副伤者。
Zhèr yǒu fù shāng zhě.
쩌얼 여우 푸 상 저.

☞ 부상 상태가 심한가요?
伤的重吗？
Shāngde zhòngma?
쌍더 쭝마?

☞ 출혈이 심합니다,
流血较多。
Liú xiě jiàoduō.
려우 시에 쨔오둬.

☛ 의식이 없어요.
无意识。
Wú yì shi
우 이 스.

☛ 허리에 통증이 있어요.
我腰痛。
Wǒ yāo tòng.
워 야오 퉁.

☛ 숨을 못 쉬겠어요.
不能呼吸。
Bùnéng hūxī.
뿌넝 후시.

☛ 다리가 부러진 것 같아요.
腿骨折了。
Tuǐ gǔzhé le.
투이 구저 러.

- 紧急情况 (진지칭쾅) 위급상황
- 交通 (짜오퉁) 교통
- 副伤者 (푸상저) 부상자
- 重 (쭝) 심각하다
- 流血 (려우시에) 피를 흘리다
- 急救室 (지쩌우쓰) 응급실
- 无意识 (우이스) 의식이 없다
- 痛 (퉁) 고통
- 疼 (텅) 아프다

긴급상황

☛ 차를 멈추세요.
请停车。
Qǐng tíng chē.
칭 팅 처.

☛ 제한속도를 위반하셨습니다.
您违反了时速限制。
Nín wéifǎnle shísù xiànzhì.
닌 웨이판러 스쑤 씨엔즈.

☛ 과속하지 않았는데요.
我没有超速。
Wǒ méiyǒu chāosù.
워 메이여우 차오쑤.

☛ 유턴 하지 않았는데요.
我没有掉头。
Wǒ méiyǒu diàotóu.
워 메이여우 띠아오터우.

☛ 제게는 책임이 없어요.
我没有责任。
Wǒ méiyǒu zérèn.
워 메이여우 저렌.

☛ 제 잘못이 아닙니다.
不是我的错。
Búshì wǒde cuò.
부쓰 워더 춰.

☛ 제가 피해자라고요.
我是受害者。
Wǒ shì shòuhàizhě.
워 쓰 써우하이저.

- 그가 신호를 무시했어요.
  他违反了交通规则。
  Tā wéifǎnle jiāotōng guīzé.
  타 웨이판러 쨔오퉁 꾸이저.

- 그 표지판이 무슨 뜻인지 몰랐어요.
  我没看懂标志牌是什么意思。
  Wǒméi kàndǒng biāozhìpái shì shénme yìsi.
  워 메이 칸둥 빠오즈파이 스 선머 이쓰.

公路标志(꿍루빠오즈) 도로표지판

- 보험에 들었어요.
  我入了保险。
  Wǒ rùle bǎoxiǎn.
  워 루러 바오시엔.

- 사고증명서를 발급받고 싶은데요.
  请开个事故证明。
  Qǐng kāige shìgù zhèngmíng.
  칭 카이거 쓰구 쩡밍.

중국은 도시마다 교통량의 차이가 많고 주로 대도시에서 교통사고가 많이 발생합니다. 만약 교통법규 위반 등의 문제로 경찰에게 조사를 받게 되면 최대한 침착한 태도로 조사에 응하는 것이 좋습니다. 그렇지 않으면 사소한 일로 모처럼의 해외여행을 망칠 수도 있으니까요.

- 违反(웨이판) 위반하다
- 责任(저렌) 책임
- 受害者(써우하이저) 피해자

긴급상황

• 중국의 비상시 전화번호

• 중국의 비상시 전화번호

구급차	소방차	경찰
120	119	110
교통사고	전화번호문의	국제전화(콜렉트콜)
122	114	108826

• 중국의 한국공관 전화번호

공관	전화번호	긴급
베이징 한국대사관	010-6532-6774~5 010-6532-0290	1360-103-0178 1360-111-7474
상하이 한국영사관	021-6295-5000	1381-758-0320
칭다오 한국영사관	0532-8897-6001~2	1360-898-9617
선양 한국영사관	024-2385-3388	138-0400-6338
광저우 한국영사관	020-3887-0555	138-2626-8145
청두 한국영사관	028-8616-5800	028-8616-5800
홍콩 한국영사관	0852-2529-4141	0852-9469-8355

• 중국 대한항공, 아시아나항공 도시별 전화번호

대한항공		아시아나항공	
북경지점	010-6505-0089	북경지점	010-6468-4000
상해지점	021-6275-6000	상해지점	021-6219-4000
심양지점	024-2287-0088	광주지점	020-8760-9037

• 중국 외환은행, 우리은행 도시별 전화번호

외환은행		우리은행	
북경지점	010-6518-3101	북경지점	010-8453-8880
상해지점	021-5879-5840/5841	상해지점	021-5081-0707
대련지점	0411-8253-1988	심천지점	0755-3338-1234

병원 / 약국

여행 중에 사고로 인한 부상은 물론, 무리한 일정에 쫓겨 몸살이 나거나 환경과 음식의 변화에 의한 감기, 또는 배탈 등 여러 가지 질병에 걸릴 수 있습니다. 이런 상황에 대비하여 이번 section에서는 자주 쓰이지는 않지만 반드시 알아두어야 할 병원과 약국에서 사용되는 표현을 알아보겠습니다.

生生회화

A : 복통이 아주 심해요.
肚子疼的厉害。
Dùzi téngde lìhài.
뚜즈 텅더 리하이.

B : 아픈지 얼마나 됐나요?
疼多久了?
Téng duōjiǔ le?
텅 뚜어져우 러?

A : 2~3일이요.
两三天了。
Liǎng sān tiānle.
량 싼 티엔러.

B : 설사하세요?
泻肚子吗?
Xiè dùzi ma?
씨에 뚜즈 마?

A : 네.
泻肚子。
Xiè dùzi
씨에 뚜즈.

B : 식중독이네요.
是食物中毒。
Shì shíwù zhòngdú.
쓰 스우 쭝두.

• 食物中毒(스우쭝두) 식중독

긴급상황

 # 生生 상황 표현

 **응급환자가 있을 때**

☛ 그가 숨을 안 쉬어요.
他不呼吸。
Tā bù hūxī.
타 뿌 후시.

☛ 그는 칼에 찔렸어요.
他被刺伤了。
Tā bèi cìshāng le.
타 뻬이 츠상 러.

☛ 그가 기절했어요.
他晕倒了。
Tā yūndǎo le.
타 윈 다오 러.

☛ 제 친구가 교통사고 났어요.
我的朋友出交通事故了。
Wǒde péngyǒu chū jiāotōngshìgù le.
워더 펑여우 추 쨔오퉁쓰구 러.

 **병원에서**

☛ 진찰을 받고 싶은데요.
我想看病。
Wǒ xiǎng kànbìng.
워 샹 칸삥.

☛ 진료는 몇 시부터 시작하나요?
几点开始门诊?
Jǐdiǎn kāishǐ ménzhěn?
지디엔 카이스 먼전?

· 晕倒 (윈다우) 기절하다
· 开始 (카이스) 시작하다

☞ 이 양식을 작성해주세요.
请您填这张表。
Qǐng nín tián zhèzhāng biǎo.
칭 닌 티엔 저장 뱌오.

☞ 여기 한국어를 하는 의사 있어요?
这儿有会韩国语的医生吗？
Zhèr yǒu huì Hánguóyǔ de yīshēng ma?
쩌얼 여우 후이 한궈위 더 이성 마?

증세설명과 진찰받기

☞ 어디가 이상하시죠?
哪儿不舒服？
Nǎr bù shūfu?
나알 뿌 수푸?

☞ 증상이 어떻습니까?
什么症状？
Shénme zhèngzhuàng?
선머 쩡좡?

☞ 몸이 안 좋아요.
我身体不舒服。
Wǒ shēntǐ bù shūfu.
워 선티 뿌 수푸.

☞ 감기에 걸린 것 같아요.
好像得了感冒。
Hǎoxiàng déle gǎnmào.
하오썅 더러 간마오.

☞ 열이 있어요.
有点儿发烧。
Yǒu diǎnr fāshāo.
여우 디알 파사오.

• 症状 (정좡) 증상, 증세
• 感冒 (간마오) 감기

☞ 두통이 있어요.
有头痛。
Yǒu tóu tòng.
여우 터우 통.

☞ 설사를 해요
泻肚子。
Xiè dù zi.
씨에 뚜 즈.

☞ 기침이 멈추질 않아요.
总是咳嗽。
Zǒngshì késou.
중쓰 커서우.

☞ 자꾸 구토를 해요.
总是吐。
Zǒngshì tù.
중스 투.

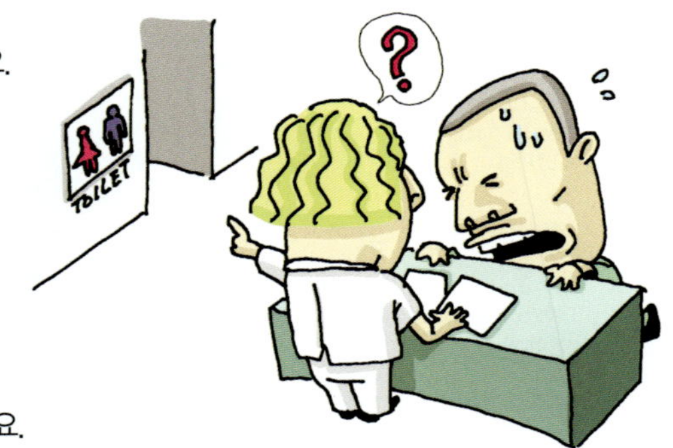

☞ 여기가 아파요.
这儿疼。
Zhèr téng.
쩌얼 텅.

☞ 열을 재봐야겠어요.
得量体温。
Děi liáng tǐwēn.
데이 량 티원.

☞ 여기 누우세요.
请躺这儿。
Qǐng tǎng zhèr.
칭 탕 쩌얼.

☞ 입을 크게 벌리세요.
请张开嘴。
Qǐng zhāng kāi zuǐ.
칭 장 카이 주이.

☛ 숨을 깊이 들이쉬세요.
请深呼吸。
Qǐng shēn hūxī.
칭 썬 후시.

☛ 혈액검사를 해야겠어요.
需要验血。
Xūyào yànxiě.
쉬야오 옌시에.

☛ 심각한가요?
严重吗?
Yán zhòng ma?
옌 쭝 마?

☛ 어디가 잘못된 건가요?
哪儿不正常吗?
Nǎr bú zhèngcháng ma?
나알 부 쩡창 마?

☛ 수술을 해야 하나요?
需要手术吗?
Xūyào shǒushù ma?
쉬 야오 서우쑤 마?

☛ 처방전을 주세요
请开个处方。
Qǐng kāige chǔfāng.
칭 카이거 추팡.

• 处方 (추팡) 처방전

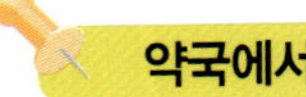
약국에서

☛ 아스피린 있어요?
有阿司匹林吗?
Yǒu āsīpīlín ma?
여우 아스피린 마?

☛ 반창고 좀 주세요.
拿个创可贴。
Náge chuàngkětiē.
나거 촹커티에.

☛ 진통제 있어요?
有镇痛药吗?
Yǒu zhèntòngyào ma?
여우 쩐퉁 야오 마?

☛ 안약 좀 주세요.
拿个眼药水。
Náge yǎnyào shuǐ.
나거 옌야오 수이.

☛ 소화불량에 어떤 약을 먹어야 하나요?
消化不良吃什么药好?
Xiāohuà bùliáng chī shénme yào hǎo?
샤오화 부량 츠 선머 야오 하오?

☛ 콘돔 있어요?
有避孕套吗?
Yǒu bìyùntào ma?
여우 삐윈타오 마?

☛ 이 처방전대로 조제해주세요.
请按这个处方给我开药。
Qǐng àn zhège chǔfāng gěiwǒ kāiyào.
칭 안 쩌거 추팡 게이워 카이 야오.

- 阿司匹林(아스피린) 아스피린
- 创可贴(촹거티에) 반창고
- 眼药水(옌야오수이) 안약
- 避孕套(삐윈타오) 콘돔

➤ 처방전 없이는 판매할 수 없습니다.
没有处方不能卖。
Méiyǒu chǔfāng bùnéng mài.
메이여우 추팡 뿌넝 마이.

➤ 이 약을 어떻게 복용하죠?
这药怎么吃？
Zhèyào zěnme chī?
쩌 야오 전머 츠?

➤ 하루에 몇 알을 복용해야 하나요?
一天吃几粒？
Yìtiān chī jǐlì?
이 티엔 츠 지리?

➤ 식사 전에 복용해야 하나요?
饭前吃吗？
Fàn qián chīma?
판 치엔 츠마?

☞ 생리대 주세요.
我买卫生巾。
Wǒ mǎi wèishēngjīn.
워 마이 웨성찐?

☞ 피임약 있나요?
有避孕药吗?
Yǒu bìyùn yào ma?
여우 삐윈 야오 마?

☞ 감기약 하나 주세요.
拿个感冒药。
Náge gǎnmào yào.
나거 간마오 야오?

☞ 설사약 주세요.
我买止泻药。
Wǒ mǎi zhǐxiè yào.
워 마이 즈쎼 야오.

☞ 비타민C 주세요.
我买维生素C。
Wǒ mǎi wéishēngsù xī.
워 마이 웨성쑤 씨?

☞ 자꾸 기침이 나요.
总是咳嗽。
Zǒngshì késou.
중스 커서우?

• 卫生巾 (웨성찐) 생리대
• 避孕药 (삐윈야오) 피임약
• 感冒药 (간마오야오) 감기약
• 止泻药 (즈씨에야오) 설사약
• 维生素C (웨이성쑤 씨) 비타민씨
• 咳嗽 (커서우) 기침

식후에 드세요.
饭后吃。
Fàn hòu chī.
판 허우 츠.

지혈제를 주세요.
请拿个止血的药。
Qǐng ná ge zhǐxiě de yào.
칭 나거 즈시에 더 야오.

임산부가 먹을 수 있나요?
孕妇能吃吗?
Yùnfù néng chī ma?
윈푸 넝 츠 마?

열이 나고 있어요.
我在发烧。
Wǒ zài fāshāo.
워 짜이 파사오.

혈압약을 주세요.
我买降血压的药。
Wǒ mǎi jiàng xuèyā de yào.
워 마이 쨩 쉐야 더 야오.

파스 주세요.
我要风湿膏。
Wǒ yào fēngshī gāo.
워 마이 펑스까오.

- 止血 (즈시에) 지혈
- 孕妇 (윈푸) 임산부
- 发烧 (파사오) 열이 나다
- 降血压 (쨩쉐야) 혈압을 낮추다
- 风湿膏 (펑스까오) 파스

긴급상황

☞ 부작용없나요?
没有副作用吗?
Méiyǒu fùzuòyòng ma?
메이여우 푸쭤융 마?

☞ 알레르기 있으세요?
有过敏症吗?
Yǒu guòmǐnzhèng ma?
여우 꿔민쩡 마?

☞ 이게 고통을 완화해줄 겁니다.
这个可以止痛。
Zhège kěyǐ zhǐtòng.
쩌거 커이 즈통.

☞ 이걸 복용하시면 졸음이 옵니다.
吃这个会发困。
Chī zhège huì fākùn.
츠 쩌거 후이 파 쿤.

☞ 얼마 동안 휴식을 취해야 하나요?
需要休息多长时间?
Xūyào xiūxi duōcháng shíjiān?
쉬 야오 셔우시뚜어창 스지엔?

☞ 지금은 한결 나아졌어요.
现在好多了。
Xiànzài hǎoduō le.
씨엔짜이 하오뚜어 러.

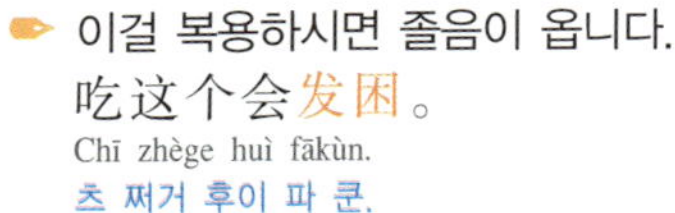

핵심단어
• 副作用(푸쭤융) 부작용
• 发困(파쿤) 졸음이 오다.

• 신체부위의 명칭

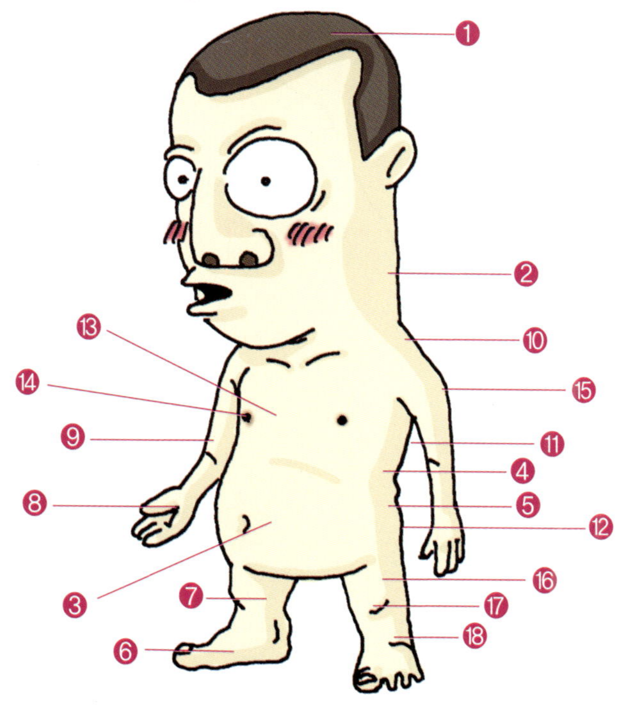

① 머리	头 (터우)	⑩ 어깨	肩膀 (지엔방)
② 목	脖子 (붜즈)	⑪ 등	背 (뻬이)
③ 복부	腹部 (푸부)	⑫ 엉덩이	屁股 (피구)
④ 허리	腰 (야오)	⑬ 가슴	胸 (슝)
⑤ 골반	骨盘 (구판)	⑭ 유방	乳房 (루팡) (여자)
⑥ 발	脚 (쟈오)	⑮ 팔꿈치	胳膊肘 (꺼버저우)
⑦ 다리	腿 (투이)	⑯ 허벅지	大腿 (따투이)
⑧ 손	手 (서우)	⑰ 무릎	膝盖 (시까이)
⑨ 팔	胳膊 (꺼버)	⑱ 장딴지	小腿 (샤오투이)

긴급상황

• 손

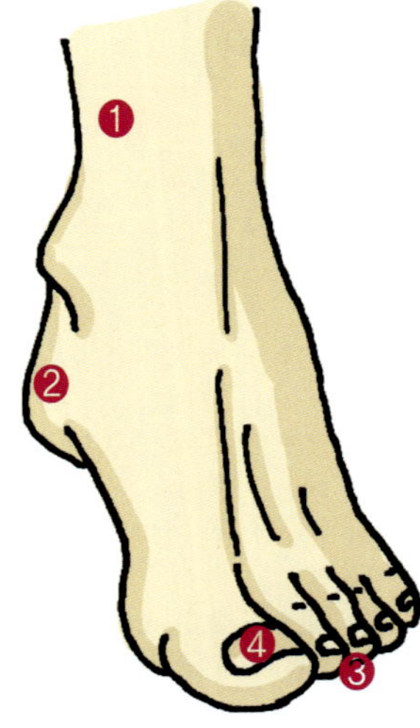

① 엄지손가락　拇指(무즈)
② 손가락　　　手指(서우즈)
③ 손톱　　　　指甲(즈쟈)
④ 손바닥　　　手掌(서우장)
⑤ 손목　　　　手腕(서우완)

• 발

① 발목　　　脚脖子(쟈오붜즈)
② 발꿈치　　脚后跟(쟈오허우껀)
③ 발가락　　脚趾(쟈오즈)
④ 발톱　　　脚趾甲(쟈오즈쟈)

• 여러가지 질병과 증상

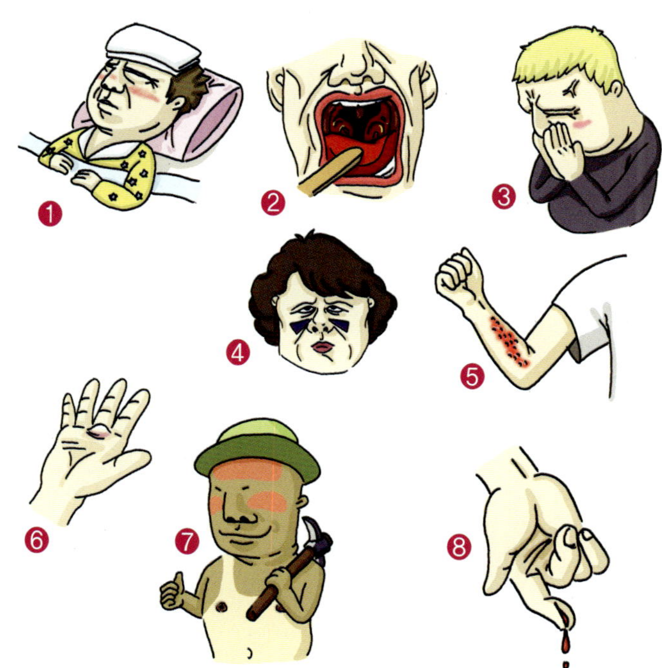

①	유행성 감기	流感(려우간)	⑤	발진	皮疹(피쩐)
②	후두염	喉头炎(허우터우옌)	⑥	물집	水泡(수이파오)
③	재채기하다	打喷嚏(다펀티)	⑦	햇볕에 탐	晒黑(싸이헤이)
④	코막힘	堵鼻子(두비즈)	⑧	베인 상처	刀口(따오커우)

APPENDIX

APPENDIX

부록

★ 항공권 바로 보기
★ 비자가 필요한 국가와 필요 없는 국가
★ 북경어와 광동(홍콩)어의 차이
★ 간체자와 번체자의 비교
★ 공항 / 기내 방송중국어
★ 한어수평고시(HSK)란?

항공권 바로 보기

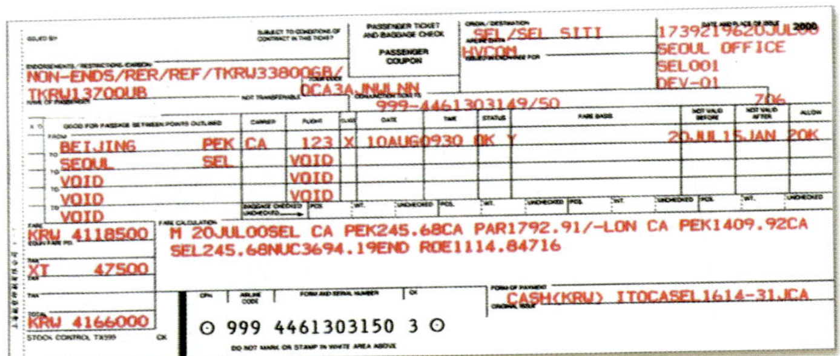

위 사진은 항공사나 여행사에서 구입한 일반적인 항공권입니다. 항공권에는 항공사명, 금액, 항공기의 고유번호, 항공권 번호, 항공사 코드, 목적지, 경유지, 출발시간, 편명, 허용 가능한 수화물의 중량, 항공권 만기일, 좌석등급, 고객명, 출발일, 발권자 등의 정보가 명기되어 있는데 모두 영문이나 영문 약어로 표기되어 있기 때문에 알아보기가 쉽지 않습니다. 항공권은 경유지에 따라 2장에서 최대 4장으로 이루어지며, 한 장당 탑승권을 하나씩 발권받을 수 있습니다.

- **ISSUED BY** – 항공사명
- **ENDORSEMENTS / RESTRICTIONS** – 항공권에 따른 제한사항
- **NON-ENDS** – 타인에게 양도금지
- **NO RSVN CHNG** – 예약변경 불가
- **NAME OF PASSENGER** – 여행자 성명
- **MS** – 기혼 / 미혼여성

- **MRS** – 기혼여성
- **MISS** – 미혼여성, 유 / 소아
- **MR** – 성인남성
- **MSTR** – 남성, 유 / 소아
- **CONJUNCTION TICKETS** – 이어지는 항공권의 일련번호
- **ORIGIN/DESTINATION** – 출발지와 최종 목적지의 도시명
- **AIRLINE DATA** – 예약번호
- **PLACE OF ISSUE** – 발권자명
- **X/O** – 체류 가능 여부
- **GOOD FOR PASSAGE FROM** – 출발 도시명
- **TO** – 도착 도시명
- **CARRIER** – 탑승하는 항공사명
- **FLIGHT** – 탑승하는 항공편명
- **CLASS** – 좌석등급
- **DATE** – 출발 날짜
- **TIME** – 출발 시각
- **STATUS** – 좌석예약 상태(좌석확정 – **OK**, 대기 – **RQ**)
- **FARE BASIS** – 적용된 요금의 종류
- **NOT VALID BEFORE** – 최소한의 목적지 체류일
- **NOT VALID AFTER** – 항공권 유효기간
- **ALLOW** – 수하물 허용중량
- **FARE** – 지불한 화폐단위와 항공료
- **TAX/FEE/CHARGE** – 항공료 이외의 추가세금
- **TOTAL** – 항공료와 세금의 합계
- **FARE CALCULATION** – 요금 산출과정
- **FORM OF PAYMENT** – 요금 지불수단(현금 – **CASH**, 신용카드 – **CC**)
- **AIRLINE CODE** – 항공사 고유번호
- **FORM AND SERIAL NUMBER** – 항공권 번호
- **CK** – 항공권의 체크번호
- **ORIGINAL ISSUE** – 분실이나 유효기간 연장 등으로 인한 항공권 재발행시
  최초 항공권의 번호와 발행 장소, 발행일자 등을 표시

비자가 필요한 국가와 필요 없는 국가

해외여행을 준비할 때 여권 만들기 다음으로 준비해야 할 일이 비자 받기입니다. 다음은 특정기간 동안 비자 없이 체류할 수 있는 국가와 입국하려면 무조건 비자를 받아야 하는 국가들입니다.

	비자가 필요하지 않은 국가	비자가 필요한 국가
30일	남아프리카공화국/사이판/튀니지	
90일	이탈리아/인도네시아/일본/포르투갈/홍콩/그라나다/그리스/네덜란드/노르웨이/뉴질랜드/니카라과/덴마크/도미니카/도미니카연방/독일/라이베리아/룩셈부르크/리투아니아/리히텐슈타인/말레이시아/멕시코/모로코/몰타/바베이도스/바하마/방글라데시/벨기에/불가리아/수리남/스웨덴/스위스/스페인/슬로바키아/싱가포르/아이슬란드/아이티/아일랜드/엘살바도르/오스트리아/이스라엘/자메이카/체코/코스타리카/콜롬비아/태국/터키/파키스탄/페루/폴란드/프랑스/핀란드/헝가리	가나/가봉/과테말라/나이지리아/대만/러시아/리비아/말라위/미국/미안마/방글라데시/베네수엘라/베트남/볼리비아/브라질/사우디아라비아/세네갈/수단/스리랑카/아르헨티나/오만/온두라스/우루과이/이란/이집트/인도/잠비아/중국/파나마/파라과이
6개월	캐나다/영국/호주	
기타	괌(14일) / 마카오(20일) / 필리핀(21일)	

북경어와 광동(홍콩)어의 차이

국토가 작은 우리나라에도 지방마다 방언이 있듯이 중국어도 지방마다 방언이 있습니다. 가장 차이가 큰 언어는 북경어와 광동(홍콩)어인데, 북경어는 중국의 북부에서 주로 사용되며 광동어는 중국의 남쪽과 홍콩에서 사용됩니다.

• 어휘 – Vocabulary

북경어와 광동어의 발음은 전혀 다릅니다. 북경어가 중국의 표준어로 지정된 이후 홍콩인들은 TV나 여러 매체를 통해 북경어를 많이 접해왔고 또한 많이 배우는 추세이기 때문에 북경어를 거의 이해 할 수 있습니다. 하지만 중국인들은 광동어를 많이 접해왔어도 발음상 큰 차이가 있기 때문에 배우지 않으면 이해 못하는 경우가 대부분입니다.
자~ 그럼 북경어와 광동어의 대표적인 어휘를 주제별로 분류해서 알아보겠습니다.

• 일반적인 어휘

뜻	북경중국어		홍콩중국어	
전화기	电话	띠엔화	電話	띤와
화장실	洗手间	시서우지엔	厠所	치소
화장지	卫生纸	웨이셩즈	厠紙	치지
컴퓨터	电脑	띠엔나오	電腦	띤노우
의사	医生	이셩	醫生	이상
소매치기	扒手	파서우	小手	시우사오
열쇠	钥匙	야오쓰	鎖匙	소시
명함	名片	밍피엔	卡片	카핀

뜻	북경중국어		홍콩중국어	
영화	电影	띠엔잉	電影	띤잉
수영	游泳	여우융	游水	야오쐐이
연극	戏剧	시쮜	戲劇	헤이켁
테니스	网球	왕쳐우	網球	몽카오
탁구	乒乓球	핑팡쳐우	乒乓球	삥빰카오
야구	棒球	빵쳐우	棒球	팡카우
배드민턴	羽毛球	위마오쳐우	羽毛球	위마오쳐우
당구	台球	타이쳐우	撞球	종카오
배구	排球	파이쳐우	排球	파이카우
축구	足球	주쳐우	足球	죽카오
경극	京剧	징쮜	京劇	낑켁
무술	武术	우쑤	武术	모우쉣

• 은행 / 우편

뜻	북경중국어		홍콩중국어	
우체국	邮电局	여우띠엔쥐	郵電局	야우띤꾹
소포	包裹	바오궈	包裹	빠오꾸오
우편번호	邮编	여우비엔	邮编	야오핀
우체부	邮递员	여우띠위엔	邮差	야우차이
환율	兑换率	뚜이환뤼	兑换率	뙈이운뤳
환전	换钱	환치엔	換錢	운친
한국돈	韩币	한삐	韓幣	혼빠이
인민폐	人民币	렌민삐	人民幣	얀만빠이

• 요리 / 음료

뜻	북경중국어		홍콩중국어	
쇠고기	牛肉	녀우러우	牛肉	응아우육
돼지고기	猪肉	주러우	猪肉	쥐육
닭고기	鸡肉	찌러우	鷄肉	까이육
물만두	饺子	쟈오즈	餃子	까우지
면	面	미엔	面	민
국	汤	탕	湯	통
간식	点心	디엔씬	點心	띰삼
사탕	糖	탕	糖	통

• 대중교통

뜻	북경중국어		홍콩중국어	
버스	公共汽车	꿍궁치처	巴士	빠시
자동차	汽车	치처	汽車	헤이체이
택시	出租车	추주처	的士	띠시
기차	火车	훠처	火車	포체
자전거	自行车	쯔싱처	单車	딴체
비행기	飞机	페이지	飛機	페어께이
구급차	急救车	지쩌우처	救護車	까우우체
지하철	地铁	띠티에	地鐵	떼이팃

• 의복 / 잡화

뜻	북경중국어		홍콩중국어	
셔츠	衬衫	천산	恤衫	쇗삼
구두	皮鞋	피시에	皮鞋	페이하이
양복	西装	시쫭	西裝	사이종
스카프	沙巾	싸진	頸巾	껭깐
청바지	牛仔裤	녀우자이쿠	牛仔褲	웡아우자이푸
치마	裙子	췬즈	裙	쿠아
쇼핑백	方便袋	팡비엔따이	袋	또이
가구	家具	자쮜	家私	까시
소파	沙发	싸파	梳化	소파

• 학교 / 학용품

뜻	북경중국어		홍콩중국어	
고등학교	高中	까오중	高級中學	꼬우캅중혹
대학교	大学	따쉐	大學	따이혹
연필	铅笔	치엔비	鉛筆	윈빳
볼펜	圆珠笔	웬주비	原子筆	윈지빳
지우개	象皮	쌍피	象皮	쟁페이

• 인칭대명사와 인사말

뜻	북경중국어		홍콩중국어	
안녕하세요	你好	니하오	你好	네이호우
아침인사	早安	자오안	早晨	조우산
감사합니다	谢谢	씨에시에	多谢	또제
안부를 묻다	问候	원허우	問候	만하우
너, 당신	你	니	你	네이
나, 저	我	워	我	응오
그, 그사람	他	타	你	쾌이

간체자와 번체자의 비교

간체자는 중국의 문맹률을 줄이기 위해 마오저둥이 만든 것으로, 번체재(우리나라가 사용하는 한자)를 간략화한 것입니다. 현재 중국에서 공식적으로 사용하고 있는 간체자는 총 2,235자로 1986년에 만들어진 간화자총표(简化字总表)에 수록되어 있습니다. 중국어를 더욱 쉽게 이해할 수 있도록 번체자와 간체자를 비교해보도록 하겠습니다.

한자음훈	읽기		간체자	번체자
볼 감	jiān	찌엔	监	監
낱 개	gè	꺼	个	個
덮을 개	gài	까이	盖	蓋
이끌 견	qiān	치엔	牵	牽
다툴 경	jìng	찡	竟	竟
구분 구	qū	취	区	區
오랠 구	jiù	쪄우	旧	舊
기계 기	jī	지	机	機
기운 기	qì	치	气	氣
버릴 기	qì	치	弃	弃
어려울 난	nán	난	难	難
드릴 납	nà	나	纳	納
농사 농	nóng	눙	农	農

한자음훈	읽기		간체자	번체자
골 뇌	nǎo	나오	脑	腦
끊을 단	duàn	뚜안	断	斷
홋 단	dān	딴	单	單
통할 달	dá	다	达	達
무리 당	dǎng	당	党	黨
대할 대	duì	뚜이	对	對
이끌 도	dǎo	다오	导	導
움직일 동	dòng	뚱	动	動
등 등	dēng	떵	灯	燈
벌릴 라	luó	루어	罗	羅
즐거울 락	lè	러	乐	樂
허락 락	nuò	눠	诺	諾
볼 람	lǎn	란	览	覽
지날 력	lì	리	历	歷
무리 류	lèi	레이	类	類
떨어질 리	lí	리	离	離
만 만	wàn	완	万	萬
말 말	mǎ	마	马	馬
살 매	mǎi	마이	买	買

한자음훈	읽기		간체자	번체자
팔 매	mài	마이	卖	賣
꿈 몽	mèng	멍	梦	夢
없을 무	wú	우	无	無
힘쓸 무	wù	우	务	務
들을 문	wén	원	闻	聞
보배 보	bǎo	바오	宝	寶
알릴 보	bào	빠오	报	報
며느리 부	fù	푸	妇	婦
거름 분	fèn	펀	粪	糞
날 비	fēi	페이	飞	飛
낳을 산	chǎn	찬	产	産
죽일 살	shā	사	杀	殺
글 서	shū	수	书	書
가릴 선	xuǎn	쉔	选	選
말씀 설	shuō	쒀	说	說
성인 성	shèng	썽	圣	聖
소리 성	shēng	성	声	聲
나이 세	suì	쑤이	岁	歲
동물 수	shòu	써우	兽	獸
재주 술	shù	쑤	术	術

한자음훈	읽기		간체자	번체자
무를 신	xùn	쉰	讯	訊
둘 쌍	shuāng	쑤앙	双	雙
누를 압	yā	야	压	壓
기를 양	yǎng	양	养	養
고기 어	yú	위	鱼	魚
업 업	yè	예	业	業
줄 여	yǔ	위	与	與
머리 엽	yè	예	页	頁
날카로울 예	ruì	루이	锐	銳
까마귀 오	wū	우	乌	烏
용 용	lóng	룽	龙	龍
근심 우	yōu	여우	优	優
운 운	yùn	윈	运	運
꾈 유	yòu	여우	诱	誘
헤엄칠 유	yóu	여우	游	游
젖을 윤	rùn	룬	润	潤
마실 음	yǐn	인	饮	飮
응할 응	yīng	잉	应	應
다를 이	yì	이	异	異
길 장	cháng	창	长	長

한자음훈	읽기		간체자	번체자
마당 장	chǎng	창	场	場
다툴 쟁	zhēng	쩡	争	爭
번개 전	diàn	띠엔	电	電
엎어질 전	diān	띠엔	颠	顛
오로지 전	zhuān	주안	专	專
싸울 전	zhàn	짠	战	戰
매달 조	diào	띠오	吊	吊
따를 종	cóng	충	从	從
준할 준	zhǔn	준	准	準
무리 중	zhòng	쭝	众	衆
다할 진	jìn	찐	尽	盡
들어갈 진	jìn	찐	进	進
바탕 질	zhì	쯔	质	質
잡을 집	zhì	즈	执	執
자를 참	zhǎn	잔	斩	斬
창 창	chuāng	촹	窗	窗
쇠 철	tiě	티에	铁	鐵
들을 청	tīng	팅	听	聽
청할 청	qǐng	칭	请	請
이 치	chǐ	츠으	齿	齒

한자음훈	읽기		간체자	번체자
친할 친	qīn	친	亲	親
일컬을 칭	chēng	청	称	稱
탄알 탄	dàn	딴	弹	彈
모양 태	tài	타이	态	態
싸울 투	dòu	떠우	斗	鬥
조개 패	bèi	뻬이	贝	貝
패할 패	bài	빠이	败	敗
바람 풍	fēng	펑	风	風
풍년 풍	fēng	펑	丰	豐
배울 학	xué	쉐	学	學
나라 한	hán	한	韩	韓
한나라 한	hàn	한	汉	漢
그림 화	huà	화	画	畵
뒤 후	hòu	허우	后	後
가르칠 훈	xùn	쒼	训	訓
흥할 흥	xìng	씽	兴	興

공항 / 기내
방송중국어

★ 탑승안내

지금 북경행 대한항공 201편이 탑승중입니다. 이 항공편을 이용하실
승객은 탑승해 주시기 바랍니다.

旅客们请注意，飞往北京的大韩航空201次航班, 正在办里登
机手续。

Lǚkèmen qǐngzhùyì, fēiwǎng Běijīngde dàhánhángkōng èrlīngyāo cì hángbān, zhèngzài bànlǐ
dēngjī shǒuxù.

뤼커먼 칭쭈이,　페이왕 베이징더 따한한쿵 알링야오츠 항빤,　쩡짜이 빤리덩지서우쒸.

★ 연착안내

북방항공 서울행 454편의 출발이 기상악화로 인해 지연되고 있습니다.

北方航空飞往首尔的454次航班，因气象变化延迟起飞。

Běifānghángkōng fēiwǎng Shǒuěrde sìwǔsìcì hángbān, yīn qìxiàng biànhuà yánchí qǐfēi.

베이팡항쿵 페이왕 서우얼더 쓰우쓰츠 항빤,　인 치샹 비엔화 옌츠 치페이.

★ 비행취소안내

승객 여러분께 안내 말씀드립니다. 기계고장으로 인해 이번 비행의 취소가
불가피하게 되었습니다.

旅客们请注意，因机体故障取消本次飞行。

Lǚkèmen qǐng zhùyì, yīnjītǐ gùzhàng qǔxiāo běncì fēixíng.

뤼커먼 칭 쭈이 인,　찌티 꾸짱 취샤오 번츠 페이싱.

★ 비행대기 안내

승객 여러분께 안내 말씀드립니다. 본 북경행 항공편이 곧 이륙할
예정입니다.

旅客们请注意，飞往北京的本次航班正要起飞。

Lǚkemen qǐng zhùyì, fēiwǎng Běijīngde běncì hángbān zhèngyàoqǐfēi.

뤼커먼 친 쭈이, 페이왕 베이징더 번츠한빠 쩡야오 치페이.

★ 비행기 이륙전 안내방송

편안한 시간되시기 바랍니다.

希望乘客们旅途愉快。

Xīwàng chéngkèmen lǚtú yúkuài.

시왕 청커먼 뤼투 위콰이.

기상변화로 인해 잠시 대기하겠습니다.

因气象变化暂时停止起飞。

Yīn qìxiàng biànhuà zànshí tíngzhǐ qǐfēi.

인 치샹 비엔화 잔스 팅즈 치페이.

비행기가 곧 상하이에 착륙하겠습니다.

飞机正要在上海着陆。

Fēijī zhèngyào zài Shànghǎi zhuólù.

페이찌 정야오 짜이 상하이 쭤루.

안전벨트를 매주시기 바랍니다.

请系好安全带。

Qǐng jìhǎo ānquándài.

칭 찌하오 안취엔따이.

★ 예상 비행시간 안내

예상 비행시간은 7시간입니다.

预计飞行时间是7个小时。

Yùjì fēixíng shíjiānshì qīge xiǎoshí.

위찌 페이싱 스지엔쓰 치거 샤오스.

★ 비상시 대처요령

산소마스크는 머리 위 칸막이선반에 들어있습니다.
위급할 때 자동으로 열립니다.

氧气罩在行李箱内，危机时会自动打开。

Yǎngqìzhào zài xínglixiāng nèi, wēijī shí huì zìdòng dǎkāi.

양치짜오 짜이 싱리샹 네이, 웨이찌 스 후이 쯔둥 다카이.

★ 이상기류 통과 안내

승객 여러분께 알립니다. 비행기가 이상기류를 통과하고 있습니다.
안전벨트를 매주시기 바랍니다.

旅客们请注意，飞机正在通过强烈气流，请系好安全带。

Lǚkèmen qǐng zhùyì, fēijī zhèngzài tōngguò qiángliè qìliú, qǐng jìhǎo ānquándài.

뤼커먼 칭 쭈이, 페이찌 쩡자이 퉁꿔 챵레 치려우, 칭 찌하오 안췐따이.

★ 착륙안내

승객 여러분께 알립니다. 저희 비행기는 지금 착륙중입니다. 좌석 등받이와
테이블을 원위치해 주시기 바랍니다.

各位乘客，飞机正在安全着陆，请把椅背和折叠桌放回原位。

Gèwèi chéngkè fēijī zhèngzài aīquán zhuólù, qǐngbǎ yǐbèi hé zhédiézhuō fànghuí yuánwèi.

꺼웨이 뤼커 페이찌 쩡자이 안췐 쥐루, 칭바 이뻬이 허 저디에쭤 팡후이 웬웨이.

★ 환승지연 안내

승객 여러분께 알립니다. 대한항공 303편의 출발이 3시간 지연되겠습니다.
따라서 5시 20분에 로마를 향해 도쿄에서 출발하겠습니다.

各位乘客，大韩航空303次航班迟延3个小时。飞往罗马的航班
预计5点20分在东京起飞。

Gèwèi chéngkè, dàhánhángkōng sānlíngsāncì hángbān chíyán sāngè xiǎoshì. fēiwǎng Luómǎde
hángbān yùjì wǔdiǎn èrshífēn zài Dōngjīng qǐfēi.

꺼웨이 청커，따한항쿵 산링산츠 항빤 츠옌 산꺼샤오스，페이왕 뤄마더 항빤 위찌 우디엔
알스펀 짜이 둥징 치페이

★ 하차안내

잊으신 물건이 없는지 다시 한 번 확인하시기 바랍니다.

请您再次确认随身物品。

Qǐngnín zàicì quèrèn shuíshēn wùpǐn.

칭닌 짜이츠 췌렌 수이션 우핀.

북방항공을 다시 이용해주시기 바랍니다.

希望您再次利用北方航空。

Xīwàng nín zàicì lìyòng běifāng hángkōng.

시왕닌 짜이츠 리융 베이팡 항쿵.

★ 착륙/대기 안내

지금 인천 국제공항에 착륙했습니다.
저희 577편은 40분간 지상에서 머무를 예정입니다.

现已到达仁川国际机场，本次557次航班预计停留40分钟。

Xiànyǐ dàodá Rénchuān guójìjīchǎng, běncì wǔwǔqīcì hángbān yùjì tíngliú sìshífēnzhōng.

씨엔이 따오다 렌촨 꿔지지창 번츠 우우치츠 항빤 위찌 팅려우 쓰스펀중.

한어수평고시(HSK)란?

한어수평고시(HSK)란?

영어의 토익이나 토플처럼 중국어에도 그 수준을 평가하는 시험이 있습니다. 한어수평고시(汉语水平考试)라고하며 보통 영어로 HSK(Hanyu Shuiping Kaoshi)라고 합니다. 이 시험은 중국어를 모국어로 사용하지 않는 외국인이나 중국 내의 소수민족을 대상으로 시행됩니다.

현재 정식으로 시행되고 있는 HSK시험은 기초(1~3급), 초 · 중등(4~8급), 고등(9~11급)의 3종류로 나뉘며 중국에서의 유학을 희망하는 학생이라면 최소한 초 · 중등 레벨인 6급 이상을 받아야하기 때문에 초 · 중등 HSK시험을 보는 응시자의 수가 가장 많습니다. 급수는 시험 점수에 따라 정해지는데, 바둑이나 태권도의 단처럼 급수가 높을수록 중국어 실력이 좋다는 의미입니다.

각 시험별 특징은 다음과 같습니다.

[기초]

중국어 상용어휘 400~3,000개와 이에 상응하는 어법지식을 갖춘 사람이 응시하기에 적합한 시험입니다. 성적에 따라 기초 1급에서 3급까지의 증서가 발급됩니다. 듣기, 어법, 독해 3과목을 치르며 과목당 100점씩 300점 만점으로 취득한 점수에 따라 등급이 나뉩니다. 100~154점은 C급(기초1급), 155~209점은 B급(기초2급), 210~300범은 A급(기초3급)입니다. 주로 기본 단어나 초등학교 3학년 수준의 문제가 출제되므로 기본적인 중국어 지식을 갖춘 사람이라면 누구든 합격이 가능합니다.

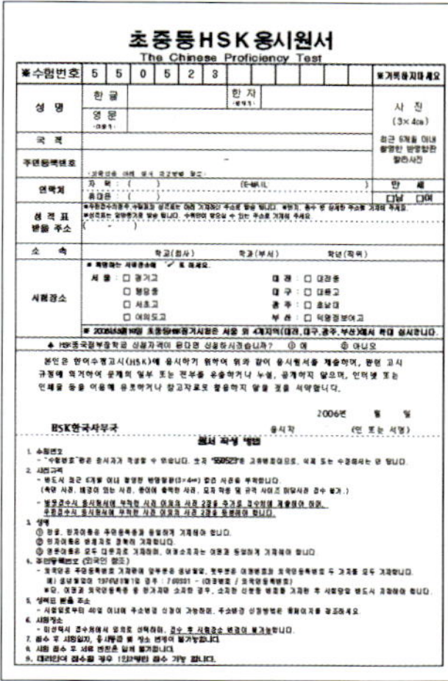

[초 · 중등]

중국어 상용어휘 2,000~5,000개와 이에 상응하는 어법지식을 갖춘 사람이 응시하기에 적합한 시험입니다. 성적에 따라 3급에서 8급까지의 증서가 발급됩니다. 듣기, 어법, 독해, 종합 4과목을 치르며 과목당 100점으로 400점 만점에 취득점수에 따라 등급이 나뉩니다. 중국 중학생 수준의 문제가 출제되므로 중국어를 2년 이상 공부한 사람이라면 합격이 가능합니다.

[고등]

중국어 상용어휘 5,000개 이상과 이에 상응하는 어법지식을 갖춘 사람이 응시하기에 적합한 시험입니다. 성적에 따라 9급에서 11급까지의 증서가 발급됩니다. 듣기, 어법, 종합, 작문, 구술 5과목을 치르며 과목당 100점으로 500점 만점에 취득점수에 따라 등급이 나뉩니다. 고급 HSK에서는 일상생활에 쓰이지 않는 전문용어까지 출제되므로 상당한 실력을 갖추지 않는 이상 취득하기 어려우며 보통 중국인도 따기 어려운 수준입니다. 그러나 현재 HSK시험 제도의 변화에 따라 문제의 난이도가 다소 쉬워지고 있습니다.

PERSONAL INFORMATION

性(성) :

名(이름) :

国籍(국적) :

出生日期(생년월일) :

性別(성별) :

电话号码(연락처) :

地址(주소) :

护照号码(여권번호) :

签证号码(비자번호) :

航班号(항공편명) :

飞机票号码(항공권번호) :

信用卡号(신용카드번호) :

旅行支票号码(여행자수표번호) :